Über dieses Buch Fast viereinhalb Jahre lang strahlte BBC London/German Service regelmäßig die Briefe des Gefreiten Adolf Hirnschal ins Reich und in die besetzten Gebiete. Der gerieben-schlaue A. H. – so etwas wie eine Mischung aus Josef Filser und Schwejk – schreibt seiner geliebten Gattin Berichte über das Leben des armen Landsers an der Front. Vor allem aber sein schwindender Glaube an den Endsieg dringt via den Äther zu den Herzen und Hirnen der deutschen Kameraden. Die Hirnschal-Briefe (nichts anderes als satirische politische Kommentare), die, über alle Störsender hinweg, Millionen von Hörern erreichten, gehören zu den witzigen Formen antifaschistischen Widerstands. Wie beliebt diese regelmäßige Sendung war, mag erklären, daß es im besetzten Amsterdam eine illegale Marionettenbühne gab, die ausschließlich Hirnschal-Briefe nachspielte. Nach Kriegsende war Adolf Hirnschal eine Zeitlang eine beliebte Kabarett-Figur in Wien. Die 1945 in Zürich erschienene Sammlung von fünfzig Hirnschal-Briefen ist seit Jahrzehnten vergriffen. In den Antiquariaten zählt sie zu den Rarissima. Die hiermit vorliegende Ausgabe, die der in Hamburg tätige Literaturwissenschaftler und Exil-Forscher Uwe Naumann betreute, ist um einige Beiträge erweitert. Naumann hat für diese Ausgabe ein Nachwort geschrieben.

Der Autor Robert Lucas wurde am 8. Mai 1904 in Wien geboren, studierte Naturwissenschaften, Industrie-Chemiker, entschied sich schließlich fürs Schreiben; Mitbegründer des Wiener »Politischen Kabaretts«; schrieb das ›Große Festspiel‹, mit dem 1931 das Wiener Stadion eröffnet wurde (4000 Mitwirkende, rund 260 000 Besucher in vier Aufführungen); emigrierte 1934 aus Protest gegen den Dollfuß-Putsch nach England, war bis zum »Anschluß« Chefkorrespondent der *Neuen Freien Presse*/Wien; nach dem Krieg hauptsächlich Rundfunkautor, daneben zwölf Jahre Mitarbeiter für *Die Zeit*; Biographie über Frieda von Richthofen, die Frau von D. H. Lawrence (in mehrere Sprachen übersetzt); M. B. E. (Member of the British Empire), Goldenes Ehrenzeichen der Republik Österreich. Robert Lucas starb am 19. Januar 1984 in London.

Robert Lucas

Teure Amalia, vielgeliebtes Weib!

Die Briefe des Gefreiten
Adolf Hirnschal an seine Frau
in Zwieselsdorf

Mit einem Nachwort
von Uwe Naumann

Fischer
Taschenbuch
Verlag

Verboten und verbrannt / Exil
Herausgegeben von Ulrich Walberer

Erweiterte Ausgabe
Veröffentlicht im Fischer Taschenbuch Verlag GmbH,
Frankfurt am Main, Oktober 1984

Umschlaggestaltung: Max Bartholl
Gesamtherstellung: Clausen & Bosse, Leck
Printed in Germany
980-ISBN-3-596-25177-X

Meiner Frau,
die viele Abende opferte

Geleitwort

Die Geburt von Adolf Hirnschal ist mir noch lebhaft in Erinnerung. Sie fand Anfang Dezember 1940 statt, zur Begleitmusik von Sirenen und deutschen Fliegerbomben. Das Rundfunkhaus in London war getroffen worden, und der Europäische Dienst des BBC hatte in einer ehemaligen Eislaufhalle eine höchst unbequeme Zufluchtsstätte gefunden. Wir planten eine Sendung für die deutsche Wehrmacht im Westen, ein Programm, das das innere Wesen des Nationalsozialismus entlarven und gleichzeitig unterhaltend wirken konnte. Robert Lucas hatte eine Idee – und das Ergebnis war Adolf Hirnschal.

Ich erinnere mich, daß ich damals nicht sicher war, ob der Name des wackeren Gefreiten glücklich gewählt war. Er schien mir nicht »zackig« genug für eine Hörerschaft, die unseren Sendungen dank den deutschen Störsendern nur mit Schwierigkeit folgen konnte. Nun, ich hatte unrecht. Heute ist es klar, daß Hirnschal nicht anders heißen konnte als Hirnschal, genau so wie der Vesuv keinen anderen Namen erhalten konnte als Vesuv.

Damals, im Dezember 1940, war es keinem von uns bewußt, daß wir der Geburt einer Legende beiwohnten. Wir dachten, daß Hirnschal kaum mehr als ein halbes Dutzend Feldpostbriefe schreiben würde. Nun, er schrieb und schrieb weiter, durch all die langen Jahre des Kriegs. Die letzte Hirnschal-Sendung fand im Mai 1945 statt.

Erst nachdem der Gefreite Hirnschal seinen letzten Brief an sein geliebtes Weib Amalia geschrieben hatte, entdeckten wir, was für eine berühmte Persönlichkeit er in diesen viereinhalb Jahren in Deutschland, Österreich und allen anderen Ländern geworden war, in denen die deutsche Sprache verstanden wird. Hunderte, ja vielleicht tausende Hörer haben uns über Hirnschal geschrieben – aus der Schweiz, aus Dänemark, Frankreich und Holland genau so wie aus Deutschland und Österreich. In Amsterdam wurde in der Zeit der deutschen Besetzung eine illegale Marionettenbühne geschaffen, auf der ein Puppenspiel aufgeführt wurde, dessen Helden Hirnschal und sein Freund Jaschke waren. Hirnschal und Jaschke wurden auf einer Fahrt zur Hölle gezeigt, wo sie Hitler, Himmler, Heß, Göring und Goebbels trafen. In Wien trat Hirnschal nach dem Zusammenbruch des Hitler-Regimes in einem politischen Kabarett auf.

Nach dem Ende des Krieges sind wir oft gebeten worden, die Hirnschal-Sendungen fortzusetzen. Aber ich glaube, der tapfere Gefreite aus dem Zweiten Weltkrieg hat keinen Grund mehr, an seine Frau zu schreiben. Adolf Hirnschal ist heute zu Hause bei seiner geliebten Amalia in Zwieselsdorf, und wir alle hoffen, er wird nie wieder Ursache haben, sie zu verlassen.

Hugh Carleton Greene
German Service Director, BBC, London

Mein wärmster Dank gebührt Fritz Schrecker, dem Schauspieler, und Julius Gellner, dem Regisseur, die mithalfen, Adolf Hirnschal zu gestalten. Der British Broadcasting Corporation danke ich für die Erlaubnis, eine Auswahl aus den Briefen des Gefreiten Hirnschal in Buchform zu veröffentlichen.

Robert Lucas

1.

21. Dezember 1940

Teure Amalia, vielgeliebtes Weib!

Indem ich Dir ein fröhliches Weihnachtsfest wünsche, bitt' ich Dich, lauf' mal gleich hinüber zum Krummen Gustav, der wo die Brauselimonade erzeugt, die wo mich immer an eingeschlafene Füße erinnert, und sag' ihm, er soll mir schnell zwei Dutzend Limburger Käse schicken, denn ich habe die Wette gewonnen.

Und wenn der Krumme Gustav fragt: »Welche Wette?«, dann sag': »So? Wissen Sie vielleicht nicht mehr, was im November 1918 geschehen ist?« Und wenn er sagt, er weiß es nicht, dann frag' ihn: »Haben Sie am Ende vergessen, daß mein Mann, der Gefreite Adolf Hirnschal, eine historische Persönlichkeit ist?« Und wenn er sich noch immer nicht erinnert, dann sag' ihm, er soll' sein Faßbrausehirn ein wenig anstrengen und daran denken, wie wir zusammen strengen Arrest hatten an der Westfront, und an der Mauer rann das Wasser herunter, und ich sagte: »Heut' ist der zwölfte November.« Und er sagte: »Nein, der dreizehnte November!« Und ich sagte: »Nein, Gustav, es ist der zwölfte!« Und so haben wir hin- und hergestritten, bis auf einmal jemand draußen mit den Stiefeln gegen die Tür tritt, und es ist der Holuska, und er schreit: »Jesus Maria, jetzt haben sie euch richtig da unten vergessen! Frieden ist, einen Waffenstillstand haben sie geschlossen, und die Armee ist schon fort auf dem Weg nach Hause.« So frag' ich ihn: »Und der wievielte November ist heute?« Und er sagt: »Der elfte.« Dann haben wir die Tür eingetreten und sind hinaus, der Krumme Gustav als erster und ich als zweiter, und somit war ich der letzte deutsche Soldat, der wo im Weltkrieg im strengen Arrest gesessen ist.

Und dann haben wir einen Ziegelwagen gestürmt und sind den andern nachgefahren, und ich sage zum Krummen Gustav: »Gustav«, sag' ich, »heut' nacht hab' ich eine Vision gehabt.« Und er antwortet: »Dir sind wohl die Mohrrüben im Magen gelegen, Hirnschal.« Und ich sag': »Ich hab' geträumt, daß alles wiederkommt. Alles kommt wieder, Gustav – das Blut-und-Gut und das Deutschland-Deutschland-über-alles und das Schulter-an-Schulter-in-schimmernder-Wehr und das Eherne-Stahlbad und der Heilige-Verteidigungskrieg – alles, hab' ich geträumt, kommt wieder, und das ganze Hurra-Geschrei und das EK. 1 und die Feldlatrinen und alle die glorreichen Siege und die ganze Angst und der ganze Dreck und das ganze Durchhalte-Geschrei und zum Schluß der Zusammenbruch – alles das kommt wieder, hab' ich geträumt.« Der Krumme Gustav hat geantwortet: »Du bist mondsüchtig.« Und ich hab' gesagt: »Nein, Gustav, es war eine Vision, und du wirst sehn, ich werde wieder Arrest bekommen in dem neuen Krieg, sogar das wird wiederkommen.« Und er meinte: »Hirnschal«, sagt er, »das ist ein Blödsinn mit Sahne.« Und ich erklär' ihm, es ist alles wahr, und so haben wir gewettet um zwei Dutzend Limburger Käse.

Und darum bitt' ich Dich, sag' jetzt dem Krummen Gustav, ich hab' gerade die Wette gewonnen, und ich werde Dir erklären wieso. Also, ich sitz' gerade auf einem Zaun, zusammen mit dem Emil Jaschke, der wo ein Papiergeschäft hat in Hudemühlen, und vor uns ist eine Tafel, darauf steht: »Nach Cherbourg 3 km«, und dahinter ist ein Misthaufen. Und wie wir so sitzen in Gedanken versunken, da sag' ich: »Emil, da sieht man gleich, daß das kein deutscher Misthaufen ist, sondern ein französischer.« Und der dicke Jaschke spuckt aus und fragt: »Wieso, Hirnschal?« Und ich erklär' ihm: »Weil dieser Misthaufen da ganz undiszipliniert ist und unorganisiert, und wenn das ein deutscher Misthaufen wäre, dann hätt' man schon drauf gesehen, daß die Mistkäfer gleichgeschaltet werden und alle in einer Richtung laufen und nicht kreuz und quer wie die Schaben in meinen Hausschuhen.« Und dann beschreib' ich ihm, wie groß und herrlich alles heute ist im Dritten Reich, nicht nur für die SS-Obersturmführer und Reichsamtsleiter, sondern auch für den einfachen Mann, der wo immer zahlen muß und mit Stiefeln getreten wird, damit er ganz glücklich ist. Und warum? Weil alles bei uns organisiert ist im Tausendjährigen Reich, durch und durch diszipliniert bis zum letzten Fliegenfänger, und solche französische Misthaufen werden bald nicht mehr vorkommen, dafür wird unser geliebter Führer schon sorgen, und wie hat doch der allerhöchste Reichsorganisationsleiter Dr. Ley vor kurzem gesagt: »Wir werden das vollenden, was zum Wiederaufbau notwendig ist. Und alle schaffenden Deutschen müssen sich ihrer großen Mission bewußt sein.« Und die ganze Zeit hindurch blicken wir auf den Misthaufen, und plötzlich steht der Leutnant Mücke hinter uns und fragt: »Zum Teufel! Wo sehn Sie denn die ganze Zeit hin?« Und ich bin ganz erfüllt vom Weihnachtsgeist und denke nicht mehr an den Misthaufen, sondern nur an die goldenen Worte von Dr. Ley und spreche ihm nach, genau wie er es in seiner erhebenden Rede gesagt hat: »Wir blicken in eine tausendjährige Zukunft.« Und darauf bekomme ich gleich drei Tage Arrest.

Und in diesem Sinne, mein vielgeliebtes Weib, wünsche ich Dir ein recht fröhliches Weihnachtsfest, und geh' gleich zum Krummen Gustav und sag' ihm, er soll nur schnell die Limburger Käse schicken – aber *durch* müssen sie sein.

Dein Dich innig liebender Adolf
Gefreiter in Frankreich

2.

4. Januar 1941

Teure Amalia, vielgeliebtes Weib!

Vor allem wünsche ich Dir noch im Nachhinein viel Glück in dem neuen Jahr, für das wo unser geliebter Führer uns den Endsieg garantiert hat, und bevor ich vergess', sieh' mal in die Schublade von meinem Nachtkasten, da wirst Du rechts hinten eine grüne Schachtel finden, worauf »Backpulver« steht, aber es ist nicht Backpulver drin, sondern Hirschtalg und den schick mir sofort, und ich werde Dir erklären warum.

Also, ich sitze allein in der Stube und schmier mir die Füße mit Hirschtalg ein, da geht die Tür auf und herein kommt der kleine Fritz Ziegenbart, der wo Hilfspostmann war in Kottbus und sagt »Heil Hitler!« So antwort' ich »Heil Hitler!« und schmier' weiter. Und er bleibt stehen und sagt noch einmal »Heil Hitler!« Und daran erkenn' ich, daß etwas nicht in Ordnung ist beim Fritz Ziegenbart, und wie ich ihn anseh, setzt er sich ganz still nieder auf einen Haufen Schmutzwäsch' und starrt mich an.

»Du, Ziegenbart«, sag' ich darauf zu ihm, »wenn du so ein Gesicht machst, erinnerst du mich an einen gewissen Dietrich, der wo einmal bei uns war in der Kompagnie.« Und der Ziegenbart sieht mir zu, wie ich mir die Füße einreib' und fragt geistesabwesend: »Warum, Hirnschal?« Und so erzähl' ich ihm: »Der Dietrich, den ich mein', hat ursprünglich Drdla geheißen, aber er hat sich seinen Namen aufnorden lassen, weil er sich gedacht hat, ein Dietrich kann bei der Gestapo besser Karriere machen als ein Drdla. Aber wie er bei uns war, da war er noch ein ganz gewöhnlicher Spitzel. Wenn niemand in der Stube war, ist dieser Dietrich geschwind hineingeschlüpft und hat alle Manteltaschen durchstöbert und sogar die Strohmatratzen hat er aufgeschlitzt, ob er nicht was Verdächtiges drin findet. Und einmal hat er den Regimentskoch angezeigt, weil er ein paar gesülzte Kalbsfüße auf den ›Völkischen Beobachter‹ gelegt hat, gerade auf die letzte Hitler-Rede, und der Dietrich hat gesagt, es sei eine schwere Beleidigung unseres geliebten Führers. Über diesen Dietrich hab' ich mich so geärgert, daß ich beschlossen hab', ich muß ihm etwas antun, und so habe ich auf ein Papier schön in Blockschrift die verschiedensten politischen Bemerkungen geschrieben und dann hab' ich den Bogen in einen großen Briefumschlag gesteckt und den hab ich adressiert: ›An den Gefreiten Drdla, Oberspitzel und Dreckkerl‹, und das Ganze hab' ich im Mülleimer versteckt. Und richtig, eine Stunde später hat ihn der Dietrich schon gefunden, und die Sache wäre beinahe schiefgegangen, weil er meine Handschrift erkannt hat.«

Und die ganze Zeit, wie ich das erzähl', sieht mir der Fritz Ziegenbart ununterbrochen zu, wie ich mir die Füße einreib', und so erzähl' ich weiter.

»So bin ich also zum Hauptmann Mexler befohlen worden, und der Dietrich war auch dort, und der Hauptmann sieht mich an, als ob ich den Reichstag angezündet hätte, und dann liest er langsam die Anschrift: ›An den Gefreiten Drdla, Oberspitzel und Dreckkerl‹. Darauf sieht er den Dietrich scharf an und fragt: ›Sind Sie das?‹ Und der Dietrich wird krebsrot im Gesicht und stottert: ›Nein, Herr Hauptmann. Es ist Herrn Hauptmann bekannt, daß mein Name Dietrich ist.‹ Darauf antwortet der Hauptmann Mexler: ›Dann geht Sie also das Ganze einen Dreck an!‹ Und dann brüllt er mich an: ›Wie kommen Sie zum Teufel dazu, solches hochverräterische Zeug aufzuschreiben?‹ Und ich sag': ›Bitte melden zu dürfen, Herr Hauptmann, das ist kein hochverräterisches Zeug.‹ Da fallen ihm beinahe die Augäpfel heraus, wie er mich anschreit: ›So? Und was ist denn das sonst: Unverbrüchliche Freundschaft zwischen Deutschland und Polen ... Die große Führung Polens ... Wenn das nicht Hochverrat ist, Sie Idiot, dann gibt es überhaupt keinen Hochverrat!‹ Und ich sag ganz ruhig: ›Bitte melden zu dürfen, Herr Hauptmann, das ist kein Hochverrat; diese Sätze sind die höchsteigenen Worte unseres geliebten Führers. Allerdings hat er sie gesprochen, bevor wir Krieg geführt haben gegen Polen wegen der Autobahn durch den Korridor, verschärft durch die unmenschliche Behandlung unserer Volksgenossen in den jetzt befreiten Ostgebieten.‹ Und wie ich das gesagt habe, ist der Hauptmann Mexler beinahe vom Stuhl gefallen vor Schreck, und der Dietrich hat genau so ein Gesicht gemacht, wie du es jetzt machst, Ziegenbart.«

Aber der Fritz Ziegenbart sitzt die ganze Zeit ganz still und melancholisch auf dem Haufen Schmutzwäsch, und wie ich ihn jetzt anseh, seufzt er und sagt: »Hirnschal, jetzt haben wir also das Jahr 1941.« Ich zieh' mir die Socken an und sag': »Ich hab's in der Zeitung gelesen, aber ich glaub', es ist trotzdem wahr.« Aber er schüttelt den Kopf und sagt: »Ich hab meiner Frau bestimmt versprochen, dieses Neujahr bin ich zuhaus.« Darauf sag' ich: »Mach dir nichts draus, Ziegenbart. Da kannst du nichts dafür. So ist es sehr vielen gegangen im letzten Krieg. Da erinnere ich mich an einen gewissen Knaster, der wo Laternenanzünder war in Zwieselsdorf. Dieser Knaster hat seiner Frau im August 1914 versprochen, er wird zu Neujahr bestimmt daheim sein, und dann ist Neujahr 1915 gekommen und 1916 und 1917 und 1918, und der Krieg war noch immer nicht aus, und im August 1918 hat er einen Brief bekommen von einem Freund in Zwieselsdorf, in dem hat gestanden, daß seine Frau sich sehr angefreundet hat mit einem Versicherungsagenten aus Halle an der Saale, und es geht ihr sehr gut, und da hat sich der Knaster in Frankreich in einem Pferdestall aufgehängt.«

Und die ganze Zeit sieht mir der Fritz Ziegenbart mit einem traurigen Ausdruck zu, wie ich mir die Stiefel anzieh', und so rede ich weiter, um ihn zu unterhalten: »Der Hirschtalg ist das beste für die Füße, wenn man viel marschieren muß. Und wer weiß, wo wir in diesem Jahr noch marschieren müssen. Vielleicht am Balkan, oder in Afrika, oder in Spanien, in Italien, oder in Rußland – niemand weiß, was dieses Jahr uns noch für Glück bescheren wird.«

Aber wie ich das sag', springt plötzlich der Fritz Ziegenbart ganz wild auf mich zu und packt mich an den Schultern und brüllt: »Hirnschal!« schreit er, »wie hast du das gemeint mit dem Versicherungsagenten, mit dem wo die Frau durchgegangen ist?« Und dabei schüttelt er mich, daß mir der Hirschtalg aus der Hand fliegt, gerade auf die glühende Ofenplatte, und in einer Sekunde war er weggeschmolzen. Aber der Fritz Ziegenbart dreht sich um und setzt sich wieder in die Ecke und heult, daß es einen SS-Mann erbarmen könnte. Und so stellt es sich heraus, daß er einen Brief von seiner Frau in Kottbus erhalten hat, der wo ihn so traurig gemacht hat. Nur handelt es sich bei ihm nicht um einen Versicherungsagenten, sondern um den Stellvertretenden Gaukassenwart von »Kraft durch Freude«, und das ist vielleicht noch schlimmer.

In diesem Sinne, mein vielgeliebtes Weib, wünsche ich Dir nochmals ein fröhliches Neujahr, und vergiß ja nicht, mir den Hirschtalg zu schicken.

Dein Dich innig liebender Adolf
Gefreiter in Frankreich

P. S. Sag dem Krummen Gustav, daß ich mich sehr ärgere, weil er die zwei Dutzend Limburger Käse noch nicht geschickt hat.

Der Obige

3.

25. Januar 1941

Teure Amalia, vielgeliebtes Weib!

Teile Dir mit, daß ich seit Montag erkrankt bin, und leider habe ich die ganze Kompagnie angesteckt, und ich werde Dir erklären wieso.

Also, ich lieg' so in der Revierstube, da geht die Tür auf und herein kommt der Oberstabsarzt Dr. Horst Pieseke und hinter ihm ein gutes Dutzend junge Bürschchen, die wo noch ganz feucht hinter den Ohren sind und kaum ein Jahr Medizin studiert haben, und jetzt sollen sie auf die Kranken und Verwundeten im Feld losgelassen werden, und der Herr Oberstabsarzt sieht sich meine Zunge an und fragt mich, was für einen Beruf ich habe, und so sag' ich: »Herr Oberstabsarzt«, sag' ich, »ich bin Zimmermaler und Anstreicher in Zwieselsdorf.« Darauf sagt der Doktor: das ist ein schöner künstlerischer Beruf, der wo für zarte Naturen geschaffen ist, und ein Zimmermaler hat noch nie einen anderen Menschen unglücklich gemacht.

Darauf sag' ich: »Herr Oberstabsarzt«, sag' ich, »das ist ein schönes Kompliment, das Herr Oberstabsarzt mir machen, und ich glaube manchmal wirklich, daß ein großer Künstler in mir verborgen ist, und ich habe immer eine große Leidenschaft für die Kunst gehabt, vor allem für den Zirkus. Aber wenn Herr Oberstabsarzt andererseits sagen, ein Zimmermaler hat noch nie einen anderen Menschen unglücklich gemacht, so muß ich leider widersprechen, weil mir nämlich einfällt, wie es einem gewissen Wanderschek ergangen ist, der wo ein Bürstengeschäft in Wien gehabt hat. Dieser Wanderschek hat sich nämlich in den zwanziger Jahren erinnert, daß er sich einmal vor dem vorigen Krieg ein Kabinett hat braun ausmalen lassen und der betreffende Anstreicher hat Hitler geheißen. Daraufhin ist der Wanderschek eines der ältesten Parteimitglieder geworden. Nachher hat es sich allerdings herausgestellt, daß es ein ganz anderer Hitler war, nämlich ein gewisser Wenzel Hitler aus

Leitomischl. Aber der Wanderschek hat es sich nicht mehr ausreden lassen, daß er der eigentliche war, und seither hat er sich jede Rede des Führers angehört, und dabei ist er immer von Anfang bis zum Ende stramm gestanden, bis er Plattfüße bekommen hat und militärdienstlich unverwendbar war. Leider war es diesem Wanderschek nicht vergönnt, die Triumphe unseres geliebten Führers zu erleben, denn er mußte in eine Anstalt gebracht werden wegen fortschreitender Gehirnerweichung, und an dem ganzen Unglück war niemand anderer schuld wie ein Zimmermaler.«

Und während ich das erzähle, fühlt mir der Doktor den Puls und sieht meine Augenlider an, und dann klopft er mir auf den Rücken, und zum Schluß sagt er zu den Studenten hinter ihm: »Meine Herren, hier handelt es sich um einen typischen Fall einer Gastroenteritis.« – »Na, das ist aber eine schöne Bescherung«, sag' ich darauf, »und ich hätt' geschworen, daß ich gestern zuviel getrunken hab' von dem schlechten Bier in der Kantine.« Darauf sieht mich der Herr Doktor durchdringend an und fragt: »Gefreiter Hirnschal, wieviel Bier haben Sie denn gestern getrunken?« Und ich antwort': »Diese Frage kann ich beim besten Willen nicht beantworten, Herr Oberstabsarzt. Es werden schon zwischen sechs und zehn Halbe gewesen sein.« Da setzt der Dr. Pieseke seinen Kneifer auf und sagt streng: »Gefreiter Hirnschal, es geht nicht darum, daß Sie sich einem unmäßigen Biergenuß hingegeben haben. Vielmehr handelt es sich darum, daß Sie nicht einmal wissen, wieviel Sie getrunken haben. Sie haben einen vollkommen unorganisierten Bierkonsum und geben damit Ihrer Mißachtung vor der nationalsozialistischen Wissenschaft Ausdruck. Wissen Sie denn nicht, daß im nationalsozialistischen Staat jeder Deutsche genau so viel trinken soll, daß die im Harn und Schweiß ausgeschiedene Kochsalzmenge, gelöst gedacht in der Differenz zwischen der im Harn und Schweiß ausgeschiedenen Wassermenge und der Menge der aufgenommenen Getränke, die Kochsalzkonzentration im Blut- und Gewebewasser ergibt?«

Darauf seh' ich ihm fest in die Augen und sage: »Herr Oberstabsarzt, genau das habe ich immer vermutet, aber ich hab's noch nie so schön ausgedrückt gehört.« Darauf nickt der Oberstabsarzt Pieseke befriedigt und sagt: »Es ist die vornehmste Pflicht eines jeden Deutschen, seine Leistungsfähigkeit auf

Grund der letzten Forschungsergebnisse der deutschen Wissenschaft zu steigern. Ich verschreibe Ihnen sechs Tabletten Aspirin. Und für die Zukunft merken Sie sich: Sie müssen gerade so viel Bier trinken, daß die gesamte Getränkmenge fünfzig Prozent des von Ihnen abgegebenen Schweißes beträgt. Und wenn Sie's üben und lernen, einen kochsalzarmen Schweiß abzusondern, dürfen Sie bis zu siebzig Prozent gehen.«

»Ich werd' mich sehr bemühen, Herr Oberstabsarzt«, sag' ich darauf, und wie ich merke, daß er zum nächsten Bett gehen will, füg' ich noch schnell hinzu: »Bitte noch fragen zu dürfen, Herr Oberstabsarzt«, sag' ich, »auch ich bin ein großer Verehrer der nationalsozialistischen Wissenschaft, besonders jetzt, wo ich die erhebende Rede vom Herrn Oberstabsarzt gehört habe. Können Herr Oberstabsarzt mir vielleicht noch eines sagen: ist es richtig, daß die nationalsozialistische Wissenschaft es zustande gebracht hat, synthetisches Fett zu erzeugen, und nicht nur das, sondern auch, daß dieses synthetische Fett in den Militärkantinen bereits Verwendung findet?«

»Ja, das ist richtig«, antwortet der Oberstabsarzt würdig und sehr erfreut über mein wissenschaftliches Interesse. »Solches synthetisches Fett wird in Deutschland erzeugt: erstens aus Kohle und zweitens aus dem Fett von tierischen Kadavern. Auf Anordnung des Parteigenossen, Reichsminister des Innern, Dr. Frick, sind bereits eine Anzahl Fabriken zur Verarbeitung von Tierleichen errichtet worden.« – »Danke vielmals, Herr Oberstabsarzt«, sage ich darauf.

Und kaum ist der Dr. Pieseke fort, so kommen der Fritz Ziegenbart und der dicke Jaschke in die Revierstube zum Besuch. »Ich weiß schon, was mir fehlt«, sag' ich zu ihnen. »Erinnert ihr euch an die krepierte Kuh, rechts um die Ecke vom Bahnhof in Arras, von der wo wir den Geruch eine Stunde lang nicht aus der Nase gekriegt haben? Ich glaube, die Kuh liegt mir jetzt im Magen.« Und ich erzähl' ihnen die ganze Geschichte von dem synthetischen Fett aus Tierleichen. Und wie ich noch einige weitere wissenschaftliche Einzelheiten aus meinem eigenen Bildungsschatz hinzufüge, fangen der Jaschke und der Fritz Ziegenbart auf einmal zu kotzen an und eine Viertelstunde später liegen sie mit 41 Grad Fieber im Bett, und man möchte nicht glauben, wie schnell sich die Geschichte herumgesprochen hat, denn am Abend wankt die halbe Kompagnie grün wie Gorgonzola in die Revierstube, und heute früh ist die andere Hälfte nachgekommen, so daß neue Krankenbetten angefordert werden müssen wegen Überfüllung.

Und in diesem Sinne, mein vielgeliebtes Weib, grüßt Dich aus der Revierstube

Dein Dich innig liebender Adolf
Gefreiter in Frankreich

4.

3. März 1941

Teure Amalia, vielgeliebtes Weib!

Habe mich sehr über die Photographie gefreut, die wo Du mir in Deinem letzten Brief geschickt hast, und Du bist so gut getroffen darauf, daß ich sogar das alte Mieder erkannt habe, aus dem Du Dir den neuen Besatz an den Ärmeln gemacht hast. Ich habe das Bild gleich dem Jaschke und dem Fritz Ziegenbart gezeigt und ihnen die Beschreibung vorgelesen, die wo Du mitgeschickt hast und wo Du erklärst, wie Du den Ledergürtel auf dem Kleid aus meinen alten Hausschuhen verfertigt hast. Und dann hab' ich ihnen gesagt, wie Du die Weste zu dem Kleid aus dem geblümten Schlafrock gemacht hast, den wo meine gottselige Großmutter väterlicherseits in ihrer Hochzeitsnacht zum erstenmal getragen hat, und daß Du die Weste bloß verkehrt anziehen mußt und es wird ein elegantes Abendkleid daraus. Und wie der Jaschke mich fragt, wie Du auf solche Ideen kommst, habe ich natürlich erklärt, daß alles genau im »Völkischen Beobachter« beschrieben gewesen ist, und der Fritz Ziegenbart meint, Du bist ein lebendiger Beweis dafür, daß die englische Blockade uns nichts anhaben kann. Und dann haben wir uns zusammengesetzt und eine Partie Skat gespielt.

Und der Dienkopp sagt gerade »Grand ohne Vieren«, und ich sag' »Contra«, da kommt der Hermann Kröpelin herein, der wo Plattfüße hat. Dieser Kröpelin war seinerzeit Deutschlehrer gewesen in einem Gymnasium in Berlin, und er hat immer in die Propaganda-Kompagnie versetzt werden wollen als Kriegsberichter. Es hat sich aber herausgestellt, daß sein Deutsch nicht zackig genug ist, weil es noch aus der Systemzeit stammt, und er muß erst die Weimarer Grammatik von Goethe und von Schiller vergessen, bevor er nationalsozialistische Propaganda machen darf. So hat sich also der Kröpelin hingesetzt, um die neue deutsche Sprache zu lernen, und dabei ist er immer blasser geworden und ist immer mehr vom Fleisch gefallen.

Wie aber der Kröplin jetzt zu uns hereinkommt in die Kantine, da ist er noch blasser als sonst und ich merk' gleich, daß etwas los ist. Nun – wie dann der Dienkopp die Karten hinschmeißt und sagt: »Das genügt einem alten Mann« und zu zählen anfängt: »Grand ohne Vieren, Spiel 5, Contra 6, Re 7 ...«, da frag' ich den Kröpelin, was ihm über die Leber gekrochen ist. Und er erzählt, er hat vergangene Nacht sein Exemplar von »Mein Kampf« auf dem Abort liegen gelassen und dort hat es unglücklicherweise der Leutnant Mücke gefunden, und wie der Mücke es ansieht, ist jede Seite voll von roten Korrekturzeichen, und dabei kann der arme Kröpelin gar nichts dafür, er hat einfach alle Deutschfehler automatisch verbessert, ohne daß er sich dabei etwas gedacht hat, so aus reiner Gewohnheit, weil er früher Deutschlehrer war. Aber der Leutnant Mücke hat ihm einen furchtbaren Krach gemacht und hat ihn angeschrien, er hat unsern geliebten Führer beleidigt und er wird schon sehen, was das bedeutet.

Darauf sagt ihm der Fritz Ziegenbart, er braucht sich das nicht so zu Herz nehmen, aber der Kröpelin schüttelt den Kopf und sagt, er ist schon ganz verzweifelt, denn er wird nie zum PK.-Berichter geeignet sein, und dabei studiert er doch in jeder freien Minute den »Völkischen Beobachter« und hört die Frontberichte im Rundfunk und macht sich sorgfältig Notizen. Und dann zieht er sein Notizbuch aus der Tasche und liest vor: »Des Führers Einsicht dringt in das Ungeboren-Geheimnisvolle hinein. Der tatenfrohe Fackelschleuderer bändigt das blinde Schicksal. Sein dionysischer Schwung am Ende einer Rede gleicht dem Fluge eines Ozeanfliegers. – Das hat der Sender Danzig gesagt.« Und dann blättert er um und liest auf einer anderen Seite: »Auf allen Fahrtstraßen der Rhodopen marschieren deutsche Truppen in Griechenland ein. Sturmgeschütze und Panzer, Flak und Pak, verlastete Infanterie und Kradschützen, LKW's und ZKW's. Mit verbissenen Zähnen und angehaltener Spannung im Gesicht sitzen die Fahrer hinterm Lenkrad. – Das war im Deutschlandsender.«

Und in diesem Augenblick fällt aus seinem Notizbuch ein kleiner Zettel heraus, und wie ich ihn aufheb', ist es ein Zeitungsausschnitt, und der Kröpelin sieht auf einmal bleich aus wie der Tod und sagt ganz leise: »Meine Tochter ist in der Zeitung gestanden.« Da drück' ich ihm die Hand und sag': »Na, das freut mich aber sehr, Kröpelin, daß deine Tochter so berühmt ist.« Aber er schüttelt den Kopf und sagt: »Lies nur, Hirnschal.« Und so seh' ich mir den Zeitungsausschnitt an und lese:

»Lehrerstochter, 18jähr., gute Erschein., mit Hausfraueneignung und ¾jährigem Kind, sucht Ehegefährten m. Herz. Zuschr. unter ›Deutsche Jugend Nr. 14355‹ an die Verwaltung.«

Da weiß ich nicht recht, was ich sagen soll, und so murmle ich nur: »Das ist sehr traurig, Kröpelin, daß deine Tochter so ein Malheur gehabt, aber das kommt jetzt sehr häufig vor. Heute muß eben ein jeder Opfer bringen.« Und der Fritz Ziegenbart tröstet ihn: »Dafür haben wir gerade Saloniki erobert.«

Da starrt ihn der Kröpelin eine Sekunde lang an, als ob er etwas sagen wollte, aber er sagt gar nichts und reicht mir nur einen Brief. Und in dem Brief schreibt ihm seine Frau, daß seinem Jungen beide Beine abgeschossen worden sind in Nordafrika. Und wie ich das vorgelesen habe, weiß ich überhaupt nicht mehr, was ich ihm sagen kann, und der Fritz Ziegenbart murmelt nur verlegen vor sich hin: »In Nordafrika, da stehen wir jetzt schon in Benghasi.«

Darauf sieht ihn der Kröpelin wieder an und flüstert ganz heiser: »Unter der zusammengeballten Wucht der deutschen Nation sind die Gegner zusammengebrochen. Der Hammer des Schicksals saust nieder auf die, die zur Vernichtung bestimmt sind. Denn das Schicksal ist unentrinnbar, unaufhaltsam, unbeirrbar. – Das steht im ›Völkischen Beobachter‹.«

Und dann steht er auf und geht ganz langsam zur Tür, und er sieht sehr komisch aus, wie er so schreitet mit seinen Plattfüßen, und bei der Tür bleibt er stehen und deklamiert: »Denn das Schicksal ist unentrinnbar, unaufhaltsam, unbeirrbar. – Das sagt der ›Völkische Beobachter‹. Doch mit des Geschickes Mächten ist kein ew'ger Bund zu flechten. – Das sagt Schiller.« Dann geht er hinaus.

Darauf gibt es bei uns eine aufgeregte Unterhaltung, und der Jaschke fragt mich, ob ich wirklich glaub', daß alles vom Schicksal vorausbestimmt ist, und ich sag', ich glaub' schon, aber es geht manchmal ganz anders aus, als selbst die gescheitesten Professoren glauben, und das zeigt am besten die Geschichte vom Dr. Horst Baldur Schneppe. Darauf fragt mich der Fritz Ziegenbart, was das für eine Geschichte ist, und so erzähle ich, während der Dienkopp die Karten mischt:

»Dieser Dr. Schneppe war ein Universitätsprofessor in Bonn, und einmal hat er sich selbst sein Horoskop gestellt, und das Horoskop sagt, er soll am nächsten Donnerstag zwischen 9 Uhr und 9 Uhr 30 abends sterben. Aber der Dr. Horst Baldur Schneppe hat sich nicht einschüchtern lassen, und so hat er für den betreffenden Donnerstagabend alle seine Freunde zu sich eingeladen, und da sind also fünf Professoren gekommen, darunter zwei berühmte Physiker, drei Mediziner und ein Astronom, und der Dr. Schneppe hat eine Rede gehalten, wo er gesagt hat, nach dem Horoskop soll er in zwei Stunden sterben, aber er will beweisen, daß die nationalsozialistische Willenskraft stärker ist als die Gesetze des Himmels. Und dann haben sie das ganze Zimmer durchsucht und haben alle Messer und Scheren ins Badezimmer getragen, und der Professor Schneppe hat seine Kleider und den Diwan durchsuchen lassen, ob nicht vielleicht eine rostige Nadel darin steckt, und alle Anwesenden haben ihre Taschen umdrehen müssen, ob nichts Gefährliches darin ist, und alles haben sie ins Badezimmer getragen und die Tür abgesperrt. Und dann haben ihn die drei Ärzte eine Stunde lang auf Herz und Nieren geprüft, ob er auch wirklich gesund ist, und sie haben gefunden, daß alles tadellos war, und es war ganz ausgeschlossen, daß ihn plötzlich der Schlag trifft. Und zum Schluß haben sie sich hingesetzt und haben angefangen zu debattieren, und dabei sind sie immer hitziger geworden, und auf einmal zeigt einer auf das Hitlerbild, das wo an der Wand hängt, und sagt, der Schnurrbart von unserem geliebten Führer ist auf der einen Seite etwas kürzer als auf der anderen, und der Professor Schneppe sagt, das ist ganz ausgeschlossen, und unser geliebter Führer ist vollkommen symmetrisch, aber der andere sagt, die rechte Seite vom Schnurrbart ist um mindestens zwei Millimeter kürzer, und so springt der Professor Schneppe auf einen Stuhl und will das Bild herunternehmen, damit sie es abmessen können. Und in diesem Augenblick verliert er das Gleichgewicht und fällt samt dem Hitlerbild herunter und bricht sich das Genick und drei Minuten später ist er tot. Und wie sie auf die Uhr sehen, ist es genau 9 Uhr 18 Minuten. Und dann konnten sie nicht einmal mehr abmessen, ob der Schnurrbart wirklich auf der einen Seite kürzer war, denn der Dr. Horst Baldur Schneppe hatte das Porträt mit seinem rechten Stiefelabsatz zerrissen.«

Und dann fangen wir mit unserer nächsten Partie an, aber draußen hören wir, wie der Kröpelin deklamiert:

»Das ist die Stimme der Front:
Die Fahne! Kameraden,
Die Fahne knattert im Sturm und fliegt –
Morgen, Kameraden,
Morgen haben wir gesiegt.«

Und in diesem Sinne, mein vielgeliebtes Weib, grüßt und küßt Dich

Dein Dich liebender Adolf
Gefreiter in Frankreich

5.

15. März 1941

Teure Amalia, vielgeliebtes Weib!

Das ist ein kolossales Glück, daß Dir die Frau Gemahlin des Ortsgruppenleiters des nationalsozialistischen Kleintierzüchterverbandes ein achtel Pfund echten Bohnenkaffee unter der Hand verkauft hat, da sieht man wieder, wie wichtig es ist, wenn man gute Beziehungen zur Obrigkeit unterhält, wie es die Pflicht eines jeden Volksgenossen ist. Und bitte ich Dich dringend, sende mir ein ägyptisches Traumbuch, und ich werde Dir erklären warum.

Also, der Emil Jaschke und ich, wir sitzen gerade in der Stube und wir stopfen unsere Socken, da fragt mich der Jaschke: »Hirnschal«, sagt er, »du bist doch auch ein gebildeter Mensch, glaubst du, die Amerikaner können den Engländern wirklich helfen? Ich bin nämlich ein bißchen besorgt wegen dem neuen Gesetz.« Und dann zeigt er mir den »Völkischen Beobachter«, da steht etwas von »Lend and Lease«, aber kein Mensch weiß, was das bedeutet. So sage ich zum Emil Jaschke: »Da kannst du doch ganz ruhig sein«, sag ich, »unser geliebter Führer hat doch selbst gesagt, jedes Schiff, das wo die Amerikaner nach England schicken, wird versenkt. Und weil du grad davon sprichst, da muß ich dir einen Traum erzählen, den wo ich letzte Nacht gehabt habe.

»Also ich träume, ich bin in einem ganz großen Hafen, und da steht einer, der wo genau so aussieht wie unser Leutnant Mücke, und er schreit: ›Herrreinspaziert, herrreinspaziert, meine Herr'n!‹ so schreit er, ›herreinspaziert in unser neuestes U-Boot, Marke Volkswagen, erzeugt auf dem laufenden Band! Immer nur herreinspaziert!‹ Und ich seh' mir das Zeug an und frag': ›Was ist das für 'ne Sardinenschachtel?‹ Und er schreit: ›Gefreiter Hirnschal‹, schreit er, ›das ist unser neues U-Boot, das wo unser geliebter Führer zur Ertüchtigung der deutschen Jugend gestiftet hat.‹ Und ich sag': ›Es sieht mehr aus wie ein Massengrab mit Wasserspülung.‹ Aber im nächsten Augenblick bin ich schon in dem U-Boot, und wer sitzt darin? Niemand anderer als der Krumme Gustav, der wo die beste Brauselimonade erzeugt in Zwieselsdorf und Umgebung. ›Menschenskind‹, sag' ich, ›wie kommst denn du in diesen motorisierten Sarg?‹ Und er wirft mir einen giftigen Blick zu und erzählt, sie haben ihn vorgeladen und nach seinem Beruf gefragt, und wie er antwortet, er erzeugt Brauselimonade und Faßbrause, da haben sie erklärt: ›Na wissen Sie, da sind Sie ja fast so viel wie ein Ingenieur. Bei dem Mangel an Fachleuten, den wo wir jetzt haben, können wir auf einen Mann von Ihrem Kaliber nicht verzichten!‹ Und so haben sie ihn in das U-Boot gesteckt. Und wie der Krumme Gustav mir das erzählt, gibt es draußen ein mächtiges Brausen und Zischen und wir tauchen unter und schwimmen hinaus in den Ozean. Und auf einmal wird alles furchtbar aufgeregt und der Kommandant brüllt einen Befehl nach dem anderen und der Krumme Gustav ist ganz grün im Gesicht und flüstert mir zu: ›Es sind lauter Helden, aber sie machen alles falsch, denn sie haben nur drei Monate Ausbildung gehabt.‹ Gleich darauf gibt es eine furchtbare Explosion und wir werden durcheinandergeworfen, und es ist stockfinster und einer schreit: ›Eine Wasserbombe!‹, und von allen Seiten kommt das Wasser herein und ich spüre, wie ich in die Höhe gerissen werde.

Und dann schwimme ich allein herum auf dem Meer und in der Entfernung seh' ich einen Gegenstand, und wie ich näherkomme, da seh' ich, es ist der Krumme Gustav, und er sitzt auf etwas Rundem und klappert mit den Zähnen. So klettere ich zu ihm hinauf und er sagt zu mir: ›Heil Hitler, Hirnschal!‹ Und ich sag': ›Das ist schön, Gustav, daß wir wieder beisammen sind.‹ Und er antwortet: ›Ich möcht' lieber in Zwieselsdorf sein.‹ Nach einer Weile kommt mir etwas verdächtig vor, und ich frag' den Krummen Gustav: ›Weißt du eigentlich, wo wir sind?‹ Und er antwortet: ›Das kann ich dir ganz genau sagen, Hirnschal. Wir sitzen auf einer Mine.‹ Und ich sage: ›Richtig, Gustav. Und noch dazu auf einer englischen.‹ Und es wird immer ungemütlicher, wie wir so auf dem Wasser treiben, und ich will mich zurechtsetzen, weil mir die Füße ins kalte Wasser hängen, aber der Krumme Gustav sagt, ich soll nicht so viel herumwetzen, sonst explodiert noch die Mine. So sitzen wir eine Weile ganz still, und es wird immer dunkler und kälter, und auf einmal sag' ich: ›Gustav, ich glaub', ich seh' ein Schiff.‹ Und er blickt mich mit trüben Augen an und sagt: ›Ja, Hirnschal, das ist die britische Flotte.‹ Und aus dem Nebel kommt ein riesiges Schlachtschiff, und dahinter kommt noch eins, und dann noch eins, und dann noch eins, und dann noch eins, und so geht es immer weiter ohne Ende, stundenlang fahren die englischen Schiffe im Nebel vorüber.

Und wie das letzte vorbei ist, sag' ich zum Krummen Gustav: ›Gustav‹, sag' ich, ›mir ist schlecht im Magen.‹ Aber er starrt weiter in den Nebel und sagt: ›Warte, Hirnschal, das ist noch nicht alles.‹ Und auf einmal hör' ich Posaunen, die blasen ›Üb immer Treu und Redlichkeit‹, und ich sag': ›Das ist das Jüngste Gericht!‹ Aber der Gustav meint, es ist der Deutschlandsender. Und da kommt ein Schiff und dahinter ein anderes, und immer mehr und mehr, und es ist wieder eine ganze Flotte. So sag' ich: ›Gustav‹, frag' ich, ›was sind das für Schiffe?‹ Und er antwortet: ›Das sind die englischen Schiffe, die wo unser über alles geliebter Reichspropagandaminister persönlich versenkt hat.‹ Und ich antwort': ›Ich wünsch' dem Dr. Goebbels, daß *er* auf der Mine sitzt und nicht ich.‹

Auf einmal kommt eine dritte Flotte aus dem Nebel, aber die Schiffe sind ganz schattenhaft und durchsichtig, wie Geisterschiffe, und ich frag': ›Gustav, was sind das jetzt für Schiffe?‹ Und er antwortet: ›Das sind die britischen Kriegsschiffe, die wo England überhaupt nie besessen hat, aber der Dr. Goebbels hat sie versenkt.‹ Und ich zähle die Schiffe, wie sie vorüberfahren: 19 Schlachtschiffe, 6 Flugzeugträger, 40 Kreuzer, 13 Unterseeboote und eine ganze Menge Zerstörer, und mir läuft es eiskalt über den Rücken, so gruselt es mir, und ich sag' zum Krummen Gustav: ›Wenn das noch lang so weitergeht, werden wir uns am Ende noch erkälten.‹ Und auf einmal muß ich niesen und die verdammte Mine explodiert. Und da bemerk' ich, daß ich aus dem Bett gefallen bin.«

»Hm«, sagt der Emil Jaschke, wie ich fertig bin, »das ist ein sehr merkwürdiger Traum, Hirnschal, und du mußt in einem Traumbuch nachlesen, was er bedeutet.«

Und darum, mein vielgeliebtes Weib, schicke mir gleich das Traumbuch, wo auf dem Einband eine Dame ist, die wo die Erdkugel auf der linken Hand balanciert. Aber bitte, sieh nach, ob das ägyptische Traumbuch bestimmt nach dem Auszug der Juden aus Ägypten geschrieben ist, sonst läßt es am Ende der Zensor nicht durch.

Und in diesem Sinne, mein vielgeliebtes Weib, wünsche ich Dir glückliche Träume,

Dein Dich liebender Adolf
Gefreiter in Frankreich

6.

29. März 1941

Teure Amalia, vielgeliebtes Weib!

Das freut mich sehr, daß Du der Frau Gemahlin des Ortsgruppenleiters des nationalsozialistischen Kleintierzüchterverbandes das Schlafzimmer ausgemalt hast, und hoffe nur, daß die Farbe nicht abblättert, denn es ist gerade heute wichtig, daß man sich mit der Parteiführung auf guten Fuß stellt, und wir haben eben ein Gespräch über die Führerpersönlichkeiten gehabt, die wo überall an der Spitze stehen, und ich werde Dir erklären wieso.

Also wir marschieren heute früh aus dem Ort hinaus, und der Leutnant Mücke kommandiert gerade: »Ein Lied! – Engelland!« – da fährt ein riesiger blauer Mercedes vorüber, und ich sehe, wie der Fritz Ziegenbart das Maul weit aufreißt vor Überraschung, und wie wir ausgesungen haben, fragt er mich: »Hirnschal, weißt du, wer in dem Wagen gesessen ist?« Und ich antwort' ihm: »Ich kann doch nicht einen jeden dicken Bonzen kennen, der wo in einem Mercedes fährt.« Und der Fritz Ziegenbart sagt: »In *diesem* Mercedes ist ein gewisser Kassel gesessen.«

»So?« sag' ich darauf, »ich kenne zwei Kassel. Der eine ist ein gewisser Heinz Kassel, der wo Versicherungsagent in Zwieselsdorf war, und dem habe ich einmal die Wohnung ausgemalt. Dieser Kassel hat zweimal gesessen, das eine Mal neun Monate wegen Unterschlagung von Versicherungsgeldern und das zweite Mal anderthalb Jahre wegen Messerstecherei. Jetzt, hör' ich, hat er einen schönen Posten in der Polizeidirektion Nürnberg-Fürth. Der andere war ein gewisser Erhard Kassel, der wo Sturmbannführer in Zwickau war. Dieser Kassel hat der Tochter von einem hohen Beamten im Amt für Selbsthilfe der Deutschen Arbeitsfront ein Kind gemacht und hat sie heiraten müssen, und der Schwiegerpapa hat ihm dann einen Posten verschafft, wenn ich nicht irr', im Büro des Sachverständigen für Rassenforschung im Reichsministerium des Innern.«

Darauf sagt der Fritz Ziegenbart: »Der Kassel, der wo in dem blauen Mercedes gefahren ist, hat mit deinen beiden Kassels nichts zu tun, Hirnschal. Dieser Kassel war einmal Kammerjäger in Kottbus, und ich kann mich noch genau erinnern, wie er immer Verse gedichtet hat. Ein solcher Vers ging zum Beispiel:

Wanze, Schabe, Floh und Laus,
Kassel rottet schnell sie aus.

Nach der Machtergreifung hat dieser Kassel einen Brief an den Dr. Goebbels geschrieben, wo er gesagt hat, er ist ein alter Kämpfer und deutscher Dichter und er möchte gern einen Posten haben als – glaub' ich – Reichsschrifttumskammerjäger. Zum Schluß ist aber doch nichts draus geworden, weil so eine Balgerei war um den Posten; aber zum Glück ist der Kassel einige Jahre vorher beruflich mit dem Dr. Ley bekannt geworden, und so hat ihm der Dr. Ley einen schönen Posten verschafft, aber nicht als Kammerjäger, sondern im Amt für Würde und Schönheit der Arbeit. Und jetzt hat der Kassel eine feine Villa im Grunewald und zwei Mercedes, und einmal hat ihn sogar der Göring zu einer Jagd eingeladen, aber ich glaub' nicht als Kammerjäger.«

So kratz' ich mich am Schädel und sage: »Ja, es ist schon eine wunderbare Sache, wie manche Leute Karriere machen. Da fällt mir zum Beispiel ein gewisser Detlev Kasternak ein, der wo an der Universität Breslau Staatswissenschaft studiert hat. Nachher habe ich gehört, daß das einzige, das wo er studiert hat, die verschiedenen Inschriften an den Wänden vom Universitätsabort waren, und gestützt auf diese Kenntnisse hat er ein grundlegendes Werk über den Nationalsozialismus geschrieben und infolgedessen ist er jetzt ein hoher Beamter im Amt für soziale Selbstverantwortung in Berlin.«

Darauf meint der Fritz Ziegenbart: »Das ist ja alles ganz schön, Hirnschal«, sagt er, »aber glaubst du denn wirklich, daß jetzt im Nationalsozialismus immer die besten Leute die besten Posten bekommen?« Und ich antwort': »Selbstverständlich, daran darf man überhaupt nicht zweifeln, Ziegenbart. Da kannst du dich seelenruhig auf unseren geliebten Führer verlassen, der kennt schon seine Leute und da ist ein Irrtum ausgeschlossen.« Und zum Beweis erzähl' ich ihm folgende Geschichte:

»Also, es war bald nach der Machtergreifung und unser geliebter Führer ist hinausgefahren nach Berchtesgaden, und wie er schon beinah' dort ist, fragt er den Göring, der wo neben ihm im Wagen sitzt, ob er glaubt, daß es regnen wird. Und der Göring antwortet: ›Nein, mein Führer, es wird nicht regnen.‹ Darauf sagt unser geliebter Führer: ›Dann will ich das letzte Stück Weg zu Fuß gehen, denn ich muß mir noch meine nächste Rede in Ruhe überlegen.‹ Und so ist er ausgestiegen und hat den Görig vorfahren lassen. Aber nach fünf Minuten begegnet unser geliebter Führer einem Bauern, und der Bauer sagt zu ihm: ›Heil Hitler! An Ihrer Stelle möcht' ich ein bißchen schneller laufen, es wird bald regnen.‹ Darauf sagt unser geliebter Führer: ›Du irrst dich, Volksgenosse‹, sagt er, ›der Göring hat erklärt, es wird nicht regnen.‹ Und so ist er ruhig weitergegangen. Aber nach einer halben Stunde kommt ein fürchterlicher Wolkenbruch, und wenn nicht hinter unserem geliebten Führer fünf Wagen mit SS-Leuten gefahren wären, die ihn mitgenommen haben, so wär' er naß geworden wie ein Waschlappen. Und nachher hat der Führer den Bauern zu sich rufen lassen und hat ihm gesagt: ›Volksgenosse‹, sagt er, ›du warst gescheiter als der Göring, deshalb will ich dir einen schönen Posten in einem Ministerium geben.‹ Darauf antwortet der Bauer: ›Mein Führer!‹ sagt er, ›nicht *ich* hab' gewußt, daß es regnen wird, sondern der Sepp hat es mir gesagt, der wo mein Stallknecht ist. Der Sepp weiß immer, wann es regnen wird.‹ Da sagt unser geliebter Führer: ›Wenn das so ist, dann muß der Sepp den Posten im Ministerium bekommen.‹ Und darauf ließen sie gleich den Stallknecht kommen, und unser geliebter Führer fragt den Sepp: ›Volksgenosse, wie hast du denn gewußt, daß es regnen wird?‹ Und der Sepp antwortet: ›Mein Führer!‹ sagt er, ›ich hab' ein Schwein im Stall. Wenn das zu grunzen anfängt und sich im Dreck wälzt, da weiß ich immer, es wird regnen.‹ Daraufhin sagt unser geliebter Führer: ›Wenn das so ist, Volksgenosse, dann muß das Schwein den Posten im Ministerium bekommen.‹ Und so ist es geschehen, daß das Schwein ins Ministerium gekommen ist. Und daraus kannst du ersehen, daß unser geliebter Führer bei der Wahl seiner Mitarbeiter nur vom Leistungsprinzip ausgeht. Das Unglück ist nur, daß seit jenem Tag nur noch Schweine Regierungsposten bekommen in Deutschland.«

Und in diesem Sinne, mein vielgeliebtes Weib, grüße und küsse ich Dich aufs herzlichste

Dein Dich liebender Adolf
Gefreiter in Frankreich

7.

26. April 1941

Teure Amalia, vielgeliebtes Weib!

Wenn Du diesen Brief liest, bin ich mit meinem Regiment auf der Fahrt nach dem Balkan, oder vielleicht ist es Italien oder vielleicht auch Afrika. Der Himmel weiß, wohin wir verfrachtet werden, denn wir müssen in anderen Ländern neue Heldentaten vollbringen nach dem Willen des Führers in der Stunde der Bewährung und des Sieges, und ich bitte Dich, kauf mir gleich eine Schachtel Insektenpulver, weil ich das bestimmt brauchen werde an der neuen Front.

Der Fritz Ziegenbart hat ein ganz trauriges Gesicht gemacht, wie der Leutnant Mücke Befehl gegeben hat, wir sollen unsere Sachen packen, und er sagt zu mir: »Hirnschal«, so sagt er, »wer weiß, was uns jetzt bevorsteht.« Und ich sag' darauf: »Du mußt auf jeden Fall glücklich sein, Ziegenbart. Das ganze deutsche Volk ist jetzt glücklich; wo man hinsieht, gibt es nur lachende Gesichter. Und warum ist jeder so überglücklich? Weil unsere Soldaten in ganz Europa stehen, von Norwegen bis Griechenland, und je mehr wir erobern, desto glücklicher werden wir alle, achtzig Millionen Deutsche gehen ununterbrochen in einem Rausch von Glück, und dazu kommen noch dreißig Millionen Polen und zehn Millionen Tschechen und Slovaken, die wo unser geliebter Führer auch beglückt hat, und alle die Millionen Franzosen und Norweger und Holländer und Dänen, die wo die ganze Zeit singen vor lauter Glück, daß sie unter der neuen Ordnung leben dürfen. Sie waren so bescheiden, daß sie gar nicht wollten, aber der Führer hat sie alle glücklich gemacht, mit Gewalt hat er sie glücklich gemacht ...«

Da unterbricht mich der Fritz Ziegenbart und sagt: »Hirnschal«, so fragt er, »glaubst du, daß die Menschen in einem großen Staat glücklicher sind als in einem kleinen Land?« Und ich antworte ihm darauf: »Das ist doch selbstverständlich«, sag' ich. »Hast du einmal die Schweizer gesehen? Die weinen die ganze Zeit, weil ihr Land so klein ist und weil sie nicht Krieg führen können. Und in Luxemburg hat man früher die neugeborenen Säuglinge mit Gewalt daran hindern müssen, Selbstmord zu verüben, so sehr haben sie sich geniert, daß sie nur Luxemburger sind. Und darum sind wir Deutschen heute das glücklichste Volk auf Erden, und auch du mußt dich danach richten, genau so wie meine Tante Auguste Wilhelmine, die wo in Kiel wohnt, in der Thorstraße beim Hafen. Der ist vor einer Woche eine Bombe ins Schlafzimmer gefallen, und von ihrer ganzen fünfköpfigen Familie ist niemand übriggeblieben als sie selbst und ihr Harzer Kanarienvogel, aber wie man meine Tante aus den Trümmern herausgezogen hat, hat sie die ganze Zeit gelacht vor lauter Glück, bis man sie ins Irrenhaus geschickt hat.«

Aber der Fritz Ziegenbart sieht noch ernster drein und sagt: »Vielleicht schicken sie uns nach Griechenland, Hirnschal«, sagt er, »dort sind manche von unseren Regimentern einfach aufgerieben worden.« – »Das macht nichts, Fritz«, sag' ich darauf, »für den Olymp hätt' ich selbst gerne das Leben geopfert, für den Olymp lieber als für einen anderen Berg. Und außerdem«, so sag' ich weiter zum Fritz Ziegenbart, »du hast ja im Rundfunk gehört, daß unsere Verluste erstaunlich gering sind. Und das sagen sie nicht nur deshalb, weil wir nicht nachzählen können, wie viele Tote es wirklich gegeben hat, und auch nicht deshalb, weil sie im letzten Krieg die Verlustziffern so gut gefälscht haben, daß wir auch heute noch nicht die Wahrheit wissen. Sie sagen es einfach, weil ein Nationalsozialist nicht lügt.«

Wie ich das sage, sieht mich der Fritz Ziegenbart besorgt an, aber ich fahre fort: »Ein Nationalsozialist lügt nicht, das hat mir einmal ein gewisser Zwick gesagt, wie er gerade aus dem Konzentrationslager herausgekommen ist. Dieser Zwick ist ein Wanderzirkus- und Menageriebesitzer aus Schweinfurt, und er ist ein so überzeugter Parteigenosse, daß er immer einen Lautsprecher vor die Käfige gestellt hat, wenn unser geliebter Führer im Rundfunk gesprochen hat, damit auch die Seehunde und Papageien und die Eisbären und Löwen vom nationalsozialistischen Geist erfüllt werden, und er hat sogar beobachtet, wie die Löwen dabei immer besonders wild geworden sind. Und gerade nach unserem Feldzug in Polen ist besagter Zwick mit seiner Menagerie nach Zwieselsdorf gekommen, und einige Tage später sitzt er gerade in seinem motorisierten Zirkuswagen und hat die Fleischkarten für seine Löwen vor sich und rechnet hin und her, da klopft es an der Türe und herein kommen zwei liebenswürdige Herren von der Gestapo. Sie sagen ihm, sie haben eine Anzeige bekommen, daß seine Menagerie nicht ganz reinrassig ist oder so, und wie sie sich mit ihm unterhalten, hören sie auf einmal eine Stimme von draußen. ›Das ist meine letzte territoriale Forderung in Europa‹, sagt die Stimme, ›wir wollen gar keine Tschechen.‹ Darauf springen die beiden Herren von der Gestapo auf und stehen stramm, und wie der Zwick ruhig sitzen bleibt, brüllen sie ihn an: ›Hören Sie nicht? Der Führer spricht!‹ Und so hat er auch aufstehen müssen. Und die Stimme draußen sagt weiter: ›Als Nationalsozialist lehne ich es mit all meinen Anhängern aus unseren nationalen Prinzipien heraus ab, Menschen eines fremden Volkes, die uns doch nicht lieben werden, mit Blut und Leben derer zu gewinnen, die uns lieb und teuer sind.‹ Darauf werden die beiden freundlichen Herren von der Gestapo ganz blaß, und der eine sagt: ›Ich habe gar nicht gewußt, daß der Führer heute eine Rede hält. Wo steht denn Ihr Lautsprecher, Herr Zwick?‹ Und dem Zwick steht der Schweiß auf der Stirn und sagte: ›Entschuldigen Sie, meine Herren, das ist nicht unser geliebter Führer, das ist meine Laura, die wo alle Reden unseres geliebten Führers auswendig gelernt hat, das Vieh hat ein besseres Gedächtnis als ein Mensch.‹ Und darauf macht der Zwick die Türe auf und zeigt den beiden einen Käfig, darin sitzt ein Papagei und sagt: ›Die Rückkehr des Saargebietes hat sämtliche Probleme zwischen Frankreich und Deutschland in Europa aus der Welt geschafft.‹ Da fangen die beiden Gestapoleute an zu brüllen, daß das eine Beleidigung des Führers ist, und der Zwick jammert, daß das verdammte Biest es von selbst gelernt hat und daß unser geliebter Führer das wirklich alles gesagt hat, und er weiß sogar das Datum. Aber es hat ihm alles nichts genützt, denn die Herren von der Gestapo haben gesagt, er hat den Anschein erwecken wollen, daß der Führer gelogen hat. Und so haben sie ihn auf ein Jahr ins KZ. geschickt, damit er lernt, daß der Führer nicht lügt. Und wie er nachher herausgekommen ist, hat er immer vor sich hin gemurmelt: ›Ein Nationalsozialist lügt nicht.‹ Und so oft ich unsere Zeitungen les' oder unsere Rundfunksendungen anhör' oder wenn ich les', daß unsere Verluste in Griechenland gering sind, muß ich immer daran denken, wie es dem armen Zwick ergangen ist.«

Nun aber, mein vielgeliebtes Weib, muß ich schließen, denn

ich muß meine Sachen packen, und ich weiß nicht, wann ich Dir wieder schreiben kann. Bis dahin, mein vielgeliebtes Weib, grüße ich Dich aufs herzlichste,

Dein Dich innig liebender Adolf
Gefreiter, bisher in Frankreich

P. S. Höre eben, daß wir zur Überholung und Auffrischung auf zwei Monate nach Deutschland kommen sollen, und vielleicht gibt es auch etwas Heimaturlaub!!! So auf baldiges Wiedersehn

Der Obige

8.

5. Juli 1941

Teure Amalia, vielgeliebtes Weib!

Vor allem teile ich Dir mit, daß ich gesund und mit Lorbeeren bedeckt bin, bis auf eine Wasserblase auf der rechten Ferse. Und vergiß ja nicht, das dem Krummen Gustav zu erzählen, der wo die Brauselimonade erzeugt, und ich werde Dir erklären warum.

Also wir sitzen im Zug und streiten, wohin es geht, und der eine sagt, es geht gegen die Türken und der andere meint, es geht gegen Cypern, und der Fritz Ziegenbart, der wo Hilfspostmann war in Kottbus, erklärt, es gibt drei Möglichkeiten: entweder es geht gegen die Ägypter oder gegen die Syrier oder gegen die Babylonier, aber der Unteroffizier Schmidt sagt dazu, die Babylonier sind schon längst ausgestorben. So sagt der Fritz Ziegenbart, das spielt gar keine Rolle nicht, der Führer ist so groß, daß er auch gegen Leute Krieg führt, die wo schon 2000 Jahre tot sind. Darauf halte ich eine kleine Ansprache und sage: »Wenn ihr es unbedingt wissen müßt, wohin wir jetzt fahren, kann ich es euch genau sagen. Singen wir nicht die ganze Zeit ›Wir fahren gegen Engelland‹? Nun also. Hat nicht der Führer gesagt: Das deutsche Volk hat nur noch *einen* Feind – nämlich die britischen Plutokraten? Nun also. Hat nicht der Führer garantiert, der Krieg ist noch dieses Jahr zu Ende, und kann der Krieg zu Ende sein, wenn wir nicht England erobern? Nun also. Kameraden: Es geht gegen England!«

Aber der Fritz Ziegenbart hat gerade beim Fenster hinausgesehen und fragt: »Ich bitt' dich, Hirnschal, liegt Tschenstochau auf dem direkten Weg nach England?« In diesem Augenblick kommt der Leutnant Mücke ins Abteil und sagt: »Alle herhören! Wir beziehen Quartier an der russischen Grenze.« Da spring ich auf und sage: »Herr Leutnant, bitte melden zu dürfen, das freut mich riesig, daß wir uns jetzt mit den Russen verbrüdern. Hat nicht unser geliebter Führer schon 1939 gesagt, unsere Freundschaft mit den Russen ist endgültig und unabänderlich.«

Aber da bemerk' ich, wie der Leutnant Mücke allmählich

einen roten Kopf kriegt, und auf einmal schreit er: »Maul halten, Idiot!« Und ich sag': »Jawohl, Herr Leutnant, aber ich weiß genau, warum Herr Leutnant so zornig sind. Der Herr Leutnant sind erbost, weil ich noch nicht russisch spreche, aber ich habe nur ein paar Worte gelernt, wie vor anderthalb Jahren überall russische Sprachkurse abgehalten worden sind zur Vertiefung der deutsch-russischen Freundschaftsbeziehungen. Und weil wir jetzt doch zusammen mit den Russen gegen die britischen Plutokraten kämpfen werden, Tovarisch Leutnant Mücke ...« Aber der Leutnant Mücke brüllt mich nur an: »Ich bestrafe Sie mit vierundzwanzig Stunden Arrest!«

So, teure Amalia, hat mein Krieg gegen Rußland begonnen. Zwei Wochen später sind wir hinter unseren Panzern her durch brennende Dörfer, und wir sind marschiert und marschiert und der arme Kröpelin hat einen Brustschuß und ist tot, und dem Hoppe hat es den rechten Arm weggerissen, und gestern haben wir in einem Bauernhaus Quartier bezogen. Der Leutnant Mücke und Unteroffizier Schmidt sind gerade dabei, den Deutschlandsender einzustellen, da schlägt eine Granate ins Haus ein.

Und wie ich wieder zu mir komme, denk' ich mir: »Na, das ist aber eine schöne Bescherung!« und ich liege da eingeklemmt, daß ich nicht vorwärts und nicht rückwärts kann. Und auf einmal seh' ich, der Leutnant Mücke liegt neben mir, mit einer schweren Wäschemangel und einem Stück vom Dachstuhl quer über ihm, und ich hör', wie er wimmert. Und so sage ich: »Entschuldigen, Herr Leutnant, ist Herrn Leutnant etwas passiert?« Er antwortet: »Ich glaube, mein Bein ist erledigt.« Und im nächsten Augenblick hör' ich eine andere Stimme, aber es ist nur der verdammte Lautsprecher, der liegt auf den Trümmern neben einem Kinderwagen und einem geräucherten Schinken, und die Stimme sagt gerade: »Hier ist der Deutschlandsender. Eine deutsche Frau spricht zu den Männern des Ostheeres.« Und dann sagt eine Frauenstimme: »Nach einer Woche des Wartens erfuhren wir am Sonntag, daß unser Glaube uns nicht betrogen hat. Die Fanfaren verkündeten uns abermals den siegreichen Vormarsch unseres Heeres. Wir vergaßen alle Hausfrauenpflichten und ließen uns voll Spannung am Lautsprecher nieder.« Zwischendurch hör' ich den Leutnant Mücke jammern: »Ich bin ein Krüppel ... ich bin ein Krüppel.« Und so versuch' ich ihn zu beruhigen: »Herr Leutnant«, so sag' ich,

»denken Herr Leutnant an die deutschen Frauen, die wo jetzt voll Spannung vor den Lautsprechern sitzen, um von unseren Heldentaten zu hören. Denken Herr Leutnant zum Beispiel an die liebe Frau Mutter von Herrn Leutnant, die wo vielleicht gerade im Keller sitzt, und die englischen Fliegerbomben schlagen rings um sie ein. Wie schön ist es, seine Familie so in Sicherheit zu wissen, während wir hier bei Tarnopol die heilige deutsche Erde verteidigen. Herr Leutnant, zeitlebens habe ich mich danach gesehnt, entweder bei Minsk zu sterben oder bei Pinsk. Aber wenn es hier bei Tarnopol sein soll, ist es mir auch recht.«

Darauf röchelt der Leutnant Mücke, und die Frau im Lautsprecher sagt weiter: »Vor mir liegt der Brief eines Frontsoldaten, der so recht an uns alle gerichtet ist. Er lautet: ›Wir grüßen dich, du Kämpferin in der Front der starken Herzen. Und wisse, daß wir immer siegen werden über Tod und Leben, wenn wir dich, Kamerad in der Heimatfront, so sehen können ...« Da sehe ich, wie der Leutnant Mücke die rechte Hand frei bekommt und nach seinem Revolver greift, und zuerst denk' ich, er will mich erschießen, aber er schießt auf den Lautsprecher. Und weil er so eingezwängt daliegt, trifft er ihn nicht, und jetzt kommt gerade ein Gedicht aus dem Deutschlandsender, das geht ungefähr: »Eure Kinder, die werden einst ernten, was jetzt in blutige Furchen gesenkt ...« Da denk' ich mir, ich helf' lieber dem Leutnant Mücke, und ich fang auch an, zu schießen, aber weil ich mich nicht recht rühren kann, verschieß' ich das ganze Magazin, bis ich endlich den Lautsprecher treffe.

Und dann später haben sie uns ausgegraben, und vielleicht werden sie dem Leutnant Mücke das rechte Bein abnehmen müssen, aber ich bin nicht verwundet, bis auf die Wasserblase, die wo ich auf der Ferse habe vom Marschieren. So bleibe ich weiter dabei, bis wir uns zu Tode gesiegt haben, und in diesem Sinne, mein vielgeliebtes Weib, grüße ich Dich aufs herzlichste

Dein Dich innig liebender Adolf
Gefreiter in Rußland

9.

19. Juli 1941

Teure Amalia, vielgeliebtes Weib!

Vor allem möchte ich Dir sagen, daß ich noch immer ein verbissener Optimist bin. Und daß Du nicht vergißt, mein Testament liegt im Schlafzimmerschrank rechts unten zwischen den Nachthemden, die wo ich vom gottseligen Onkel Jonathan geerbt habe, und Du wirst dort auch meine alte Mitgliedskarte von der SPD finden und die vom Christlichen Verein junger Männer und von der KPD. Die hab' ich mir aufgehoben, bloß als Andenken natürlich, aber ich bitte Dich, wirf sie nicht weg, man weiß nicht, wozu sie gut sind, und heute weiß ja kein Mensch, was nach dem tausendjährigen Reich kommt.

Vorhin sind der Unteroffizier Schmidt und ich am Fluß gesessen und haben unsere Füße ins Wasser hängen lassen, denn sie sind ganz angeschwollen vom Marschieren, und ich frag': »Herr Unteroffizier«, frag' ich, »was für ein Fluß ist das?« Und der Unteroffizier Schmidt antwortet: »Die Beresina.« Da gibt es mir einen Stich und ich schrei': »Die Beresina! Ist so was möglich! Die Beresina!« Aber der Unteroffizier Schmidt sagt darauf: »Halt's Maul, Hirnschal! Das ist mir vollkommen scheißegal, ob das die Beresina ist oder der Dnjepr oder der Dnjestr oder der Njemen oder irgendein anderer Dreckfluß ...« Und ich sag' darauf: »Herr Unteroffizier«, sag' ich, »bitte um Entschuldigung, aber ich bin schon einmal hier gewesen an der Beresina. Und das war im letzten Krieg, im Herbst 1916, bei der großen Brussilow-Offensive, und jetzt kann ich mich erinnern: das Dorf, das wo da drüben brennt, hat damals auch gebrannt, und da sieht man wieder, was für unfähige Leute diese bolschewistischen Verbrecher sind: schon vor 25 Jahren hat das Dorf gebrannt und sie haben es noch immer nicht gelöscht ...«

Aber der Unteroffizier Schmidt sagt nur kurz: »Halt's Maul, Hirnschal!« Aber ich kratze mich versonnen und sage: »Mein Onkel Jonathan war damals auch hier an der Beresina«, so erzähl' ich ihm, »denn er war mit mir in einem Regiment, und der war auch ein ganz verbissener Optimist. ›In drei Wochen sind wir in Moskau‹ hat er mir gesagt, und am nächsten Tag hat er einen Brustschuß gekriegt und war tot.«

Da sagt der Unteroffizier Schmidt wieder: »Halt's Maul, Hirnschal!« Aber ich lehn' mich zurück und sag': »Herr Unteroffizier«, so sag' ich, »wenn ich mir noch eine Bemerkung erlauben darf: das ist sehr angenehm, so die Füße ins Wasser hängen zu lassen.« Und wie er nicht antwortet, sitzen wir einige Minuten ruhig und ich höre dem Artilleriefeuer zu, das uns von stromaufwärts herüberklingt. Und dann schau ich zwei Raben zu, und dann seh' ich hinüber zu dem brennenden Dorf, und dann sag' ich ganz langsam: »Herr Unteroffizier«, so sag' ich, »ein drittes Mal komm' ich nicht mehr zur Beresina. Ein drittes Mal bestimmt nicht. Vielleicht kommt einmal der Leutnant Mücke zu mir, wenn er aus dem Lazarett draußen ist, und sagt zu mir: ›Gefreiter Hirnschal, nehmen Sie drei Mann und marschieren Sie zur Beresina. Sie bekommen das EK. 1 dafür.‹ Und ich werde ihm antworten: ›Herr Leutnant, das EK. 1 ist nicht genug dafür.‹ Und er wird sagen: ›Ich verspreche Ihnen das Ritterkreuz des Eisernen Kreuzes.‹ Und ich werde sagen: ›Herr Leutnant, das Ritterkreuz des Eisernen Kreuzes ist nicht genug dafür.‹ Und er wird sagen: ›Also, das Eichenlaub zum Ritterkreuz des Eisernen Kreuzes.‹ Und ich werd' lachen und werd' sagen: ›Noch immer nicht genug dafür.‹ Darauf wird er rot werden und wird sagen: ›Dann machen wir's das Eichenlaub mit den Schwertern zum Ritterkreuz des Eisernen Kreuzes.‹ Und ich werde nur den Kopf schütteln. Und er wird zu zittern anfangen und wird ganz heiser sagen: ›Gefreiter Hirnschal, dann biete ich Ihnen das Eichenlaub mit den Schwertern in Brillanten zum Ritterkreuz des Eisernen Kreuzes ...‹ wird er sagen. Und dann werde ich ihn ganz kalt und ruhig ansehen, und ich werde ihm sagen: ›Ich werde es mir noch überlegen, Herr Leutnant‹ ... und da wird ihm der Schweiß auf der Stirne stehn ...«

Aber da brüllt mich der Unteroffizier Schmidt an: »Jetzt halt schon endlich das Maul, Hirnschal! Ich verrechne mich ja, wenn du die ganze Zeit Geschichten erzählst!« Und da bemerke ich erst, daß er die Toten zählt, die wo den Fluß hinunterschwimmen, und er muß scharf aufpassen, denn sie treiben meistens das andere Ufer entlang, und einige bleiben im Schilf stecken und hängen einige Minuten, bis sie wieder von der Strömung mitgerissen werden, und weil es dämmert und der Rauch herüberkommt von dem brennenden Dorf, ist es manchmal schwer zu unterscheiden, ob es eine deutsche Leiche ist oder eine russische. Und ich sag': »Im Jahr 1916 haben wir die Toten mit langen Stangen aus der Beresina herausgefischt. Aber diesmal ist natürlich alles viel besser organisiert, Herr Unteroffizier, denn der Führer hat bekanntlich jede Möglichkeit von vornherein einkalkuliert ...« In diesem Augenblick ruft der Unteroffizier Schmidt: »Einhundertsiebenundzwanzig in dreißig Minuten. Die Russen nicht mitgezählt.« Und ich sag': »Einhundertsiebenundzwanzig – das ist eine hübsche Zahl, im Oktober 1916 haben wir nicht soviel gezählt, aber damals war es natürlich auch kein Kreuzzug gegen den Bolschewismus ...« Aber ich hör' mitten im Satz auf, denn gerade kommt ein Leutnant den Fluß heruntergeschwommen, ganz nah an unserem Ufer, und er hat eine Schußwunde auf der Stirn, und ich denk' noch: »Himmel, das Gesicht kenn' ich doch!«, und ich versuch', ihn mit dem Gewehr zu erwischen, aber die Strömung treibt ihn wieder in die Mitte, und da fällt mir ein: »Du lieber Gott, das ist doch der Sohn vom Petersil, der wo Schornsteinfeger ist in Zwieselsdorf«, und ich wate ins Wasser hinein und will ihn fangen mit dem Gewehr, aber er kommt in einen Wirbel und dreht sich herum, und ich fische die ganze Zeit nach ihm mit dem Gewehr, und dabei gehen mir die ganze Zeit die Worte im Kopf herum: »Die Operationen schreiten planmäßig fort ...«, aber ich habe ihn trotzdem nicht erwischt. Und dann haben wir uns langsam die Beine abgetrocknet, aber ich kriege sie nicht in die Stiefel hinein, denn die Füße sind zu sehr angeschwollen, und so gehe ich barfuß zurück, und der Unteroffizier Schmidt sagt: »Der Rauch ist gut gegen die Moskitos«, und ich muß immerfort an den Petersil denken, denn er war erst 21 Jahre alt.

Und so habe ich mir gedacht, ich schreibe Dir am besten über das Testament, und wenn Du die Frau Petersil siehst, sage ihr, ich lass' sie grüßen, aber sonst sag' ihr gar nichts.

Dein Dich innig liebender Adolf
Gefreiter in Rußland

10.

2. August 1941

Teure Amalia, vielgeliebtes Weib!

Vor allem möcht' ich Dich bitten, lauf mal gleich hinüber zum alten Ohlrogge, der wo den Buchladen hat am Adolf-Hitler-Platz, und frag' ihn, ob er nicht ein deutsch-russisches Wörterbuch für Taubstumme hat. Und ich werde Dir erklären warum.

Also, das ist gestern gewesen, und der Hauptmann Sternitschka sagt: »Kameraden!« sagt er, »wir haben es bald geschafft. Die Russen haben uns unseren Proviant zusammengeschmissen – aber wir haben es bald geschafft. Jetzt sind es nur noch sechs Kilometer bis Dochtoriwiczi.« – Darauf stöhnt der Dienkopp, der wo neben mir marschiert: »Hirnschal, ich geh' nicht einen Schritt weiter. Ich setz' mich nieder und krepier'.« Und ich antwort' ihm: »Du hörst doch, Dienkopp, es sind nur noch sechs Kilometer bis Dochtoriwiczi.« Und der Dienkopp meint darauf: »Und was gibt es schon in dem Drecknest? Gibt es dort was zum Fressen für uns, Hirnschal? Gibt es was zum Saufen in Dochtoriwiczi, wo uns schon seit gestern früh die Zunge beim Maul heraushängt?« Und ich sag': »Das gerade nicht, Dienkopp, aber vielleicht kriegen wir im Grand-Hotel von Dochtoriwiczi den ›Völkischen Beobachter‹ zu kaufen.« Darauf zischt der Dienkopp etwas, was ich nicht niederschreiben kann, und ich antworte: »Das sollst du nicht sagen, Dienkopp. Ich zum Beispiel kann mir nichts Schöneres vorstellen im Leben, als wenn ich gleich nach der Schlacht den neuen Roman im ›Völkischen Beobachter‹ les' und ich hör', er ist sogar preisgekrönt in Fortsetzungen. In diesem Roman wird nämlich die Geschichte von einer gewissen Beate Kraft erzählt, die wo eine echte deutsche Frau war in Kamerun, und im letzten Krieg ist sie in britische Gefangenschaft geraten. Da haben ihr die sadistischen Engländer jeden Tag nach dem Frühstück etwas abgezwickt, einmal die Nase, dann ein Ohr, dann noch ein Ohr usw. Aber wie der jetzige Krieg ausgebrochen ist, da ist sie sofort aus Afrika in die Heimat zurückgekehrt in heiligem Eifer, um dem

Vaterland beizustehn in der Stunde der Not. Und so ist sie Hebamme geworden.«

So schleppen wir uns weiter, der Dienkopp und ich, aber manche müssen wir zurücklassen am Straßenrand, weil sie nicht weiterkönnen vor Durst und Erschöpfung. Und ich sag' immer wieder zu Dienkopp, es sind nur noch fünf Kilometer bis Dochtoriwiczi, und nach einiger Zeit sag' ich, es sind nur noch drei Kilometer, und dann nur noch zwei, und dann nur ein Kilometer, und so schleppen wir uns weiter, bis wir auf einmal draufkommen, daß wir schon längst an Dochtoriwiczi vorbei sein müssen. So kriechen wir wieder zurück und da entdecken wir, es gibt überhaupt kein Dochtoriwiczi mehr, denn die Russen haben den ganzen Ort niedergebrannt und alle Brunnen zerstört. Da hält der Hauptmann Sternitschka eine Ansprache und er hat ganz glasige Augen: »Kameraden«, sagt er, »wir kämpfen gegen einen teuflischen Feind, der wo nicht eingestehen will, daß er schon lange besiegt ist.« Und dann erzählt er uns eine Geschichte, die wo er persönlich im italienischen Rundfunk gehört hat, daß nämlich die Russen aus lauter Teuflischkeit ein Regiment aufgestellt haben, das wo nur aus Taubstummen besteht. »Und warum haben sie das getan?« fragt der Hauptmann Sternitschka, und dann schneuzt er sich und fährt fort: »Ich will es Ihnen sagen: wenn diese Taubstummen in deutsche Gefangenschaft fallen, können sie nicht verraten, wie furchtbar die Verhältnisse im Sowjetparadies sind.« Nach dieser Ansprache befiehlt uns der Hauptmann Sternitschka, wir sollen zwischen den Trümmern und in der Asche suchen, vielleicht finden wir etwas Genießbares, ein gebratenes Huhn oder so.

Gleich darauf kommt aber der Hagedorn und meldet, er hat einen russischen Bauern gefangen, aber er ist taubstumm. Da seufzt der Hauptmann Sternitschka und sagt, ihm bleibt wirklich nichts erspart, und ob jemand die Taubstummensprache beherrscht. So sag' ich: »Bitte melden zu dürfen, Herr Hauptmann«, sag' ich, »ich glaube, ich hab' einen Instinkt für Taubstumme. Ich habe einen Freund gehabt, der wo ein Sanitätsobergefreiter in einem Entlausungs- und Entgiftungszug der Luftwaffe war –« Aber der Hauptmann Sternitschka unterbricht mich und läßt den russischen Bauern vorführen. Der Bauer ist ganz blaß und zittert, und wie er mich sieht, macht er mir ein Zeichen und ich mach' ihm ein Zeichen und der Hauptmann Sternitschka fragt mich, was er gesagt hat. Darauf antwort' ich: »Bitte melden zu dürfen, Herr Hauptmann, dieser Taubstumme macht mir Zeichen in der russischen Sprache und ich verstehe ihn noch nicht ganz. Aber wenn mir Herr Hauptmann etwas Zeit geben, werd' ich schon daraufkommen.« So sagt er mir, ich soll den Kerl beiseite nehmen. Und wie ich mit dem taubstummen Russen allein bin, sagt er zu mir auf deutsch: »Hirnschal«, sagt er, »wenn du mich nicht verrätst, geb' ich dir zehn Zigaretten.« Und ich sag': »Du bist der Willibald Preisigke, der wo Gendarm war in Kamming bei Zwieselsdorf, und du hast mich einmal arretiert wegen Trunkenheit.« Und er sagt, wenn ich ihn nicht verrat', gibt er mir noch außerdem eine Flasche Wodka, und er ist desertiert, weil er genug hat vom Krieg. Er hat sich aber im Weg geirrt, und anstatt zu den Russen ist er zu uns gekommen. So sag' ich ihm, er soll weiter das Maul halten, denn sonst geht noch das halbe Regiment mit ihm.

Dem Hauptmann Sternitschka hab' ich dann gesagt, ich beginn' schon langsam zu verstehen, aber der Bauer spricht die Taubstummensprache mit einem starken georgischen Akzent, und ich brauch' ein Wörterbuch dafür. Da seufzt der Hauptmann Sternitschka und sagt, der ganze russische Feldzug ist ein Fehler.

Und in diesem Sinne, mein vielgeliebtes Weib, grüß' ich Dich tausendmal,

Dein Dich innig liebender Adolf
Gefreiter in Rußland

11.

30. August 1941

Teure Amalia, vielgeliebtes Weib!

Ich bitt' Dich, strick' mir gleich drei Wollhauben, fünf Paar Fäustlinge und sechs Paar Ohrenschützer, denn ich muß mich auf einen Winterfeldzug vorbereiten, und außerdem schick' mir gleich einen Taschenkalender. Und ich werde Dir erklären warum.

Also, wir haben gestern den ganzen Tag gegraben, und wie wir so schaufeln und graben, da schreit der Leutnant Krickwitz auf einmal: »Dienkopp, Sie sind schon einen halben Meter zu tief!«, und dann schreit er wiederum: »Natoschek, verfluchter Schweinehund, können Sie nicht gerade graben?!« Und auf einmal sagt der Fritz Ziegenbart zu mir: »Hirnschal«, sagt er, »was glaubst du, wird *Er* am 1. September eine Rede halten?« Und ich sag' darauf: »Warum soll *Er* denn gerade zum Ersten reden?« Und der Fritz Ziegenbart antwortet: »Aber Hirnschal, am Ersten sind es doch genau zwei Jahre, daß der Krieg angefangen hat.« Da stütz' ich mich auf meine Schaufel und sag': »Selbstverständlich wird Er eine Rede halten, Ziegenbart. Er hat noch kein Jubiläum vorübergehen lassen.« So spuckt sich der Fritz Ziegenbart in die Hände und meint: »Was wird Er denn jetzt wieder sagen, Hirnschal?« Und ich werd' zornig und antworte: »Was ist das für ein dummes Gerede, Ziegenbart? Willst du vielleicht sagen, daß der Führer jedesmal was anderes sagt? Hat nicht unser geliebter Führer immer und immer wieder mit der größten Beharrlichkeit dieselben Ansichten vertreten, Ziegenbart? Hat er nicht im September 1939 gesagt: ›Der Krieg wird von uns noch in diesem Jahre siegreich beendet werden!‹? – Und hat er dann nicht im Jahre 1940 wieder gesagt: ›Wir werden den Endsieg noch in diesem Jahre erringen‹? Und hat er nicht Anfang dieses Jahres wieder gesagt: ›Ich garantiere, daß der Krieg noch dieses Jahr beendet werden wird‹? Und weil der Führer immer an seinem Wort festhält, gehen wir durch Dick und Dünn für ihn. Ein Befehl von ihm, und wir erobern die ganze Erde, und wenn's sein muß, auch den Mond ...«

Da bemerk' ich erst, daß der Leutnant Krickwitz etwas zu uns herüberbrüllt, und neben ihm steht ein dicker General, den wo ich nicht kenne, und wir laufen hin und treten an. Und da hör' ich, wie der General fragt: »Na, Leutnant, was wird hier gegraben?« Und der Leutnant Krickwitz antwortet: »Melde gehorsamst, Herr General, ein Massengrab!«, und der General fragt: »Für wieviel Mann?«, und der Leutnant Krickwitz antwortet: »Melde gehorsamst, Herr General, für sechzig Mann!« Darauf prüft der General die Länge und die Tiefe und sagt: »Machen Sie es für achtzig, Herr Leutnant. Nur keine Raumverschwendung! Machen Sie es für achtzig!« Und dann hält er eine Ansprache und sagt: »Soldaten des Führers!«, so sagt er, »wieder hat unser geliebter Führer in ergreifender Weise seine treue Fürsorge für den deutschen Soldaten unter Beweis gestellt. Bereits vor einiger Zeit hat der Führer den Generalbaurat Professor Kreis mit der Gestaltung der Kriegerfriedhöfe beauftragt. Die ersten Entwürfe von Mahnmalen sind eben veröffentlicht worden ...«

Aber kaum hat der dicke General das gesagt, so wirft er sich flach auf den Boden, und bevor ich noch verstehe, was los ist, krepiert zehn Meter von uns ein Schrapnell; und aus dem Wald kommen fünf russische Panzer, und ich springe mit einem Satz ins Massengrab, und neben mir wälzt sich der Fritz Ziegenbart und stöhnt, und ich sage noch: »Das ist eine schöne Bescherung«, da jammert der Ziegenbart, er hat sich den Arm gebrochen, und wie ich zu ihm kriechen will, merke ich, daß mit meinem Fuß was nicht stimmt. So warten wir denn, bis alles still ist, dann versuchen wir hinauszuklettern; aber ich kann nicht wegen meinem Fuß und der Fritz Ziegenbart kann nicht wegen seinem Arm. So fangen wir an zu rufen, aber es kommt niemand und es wird langsam dunkel, und der Mond zieht herauf, und er ist eine ganz schmale Sichel. Und dann sagt der Fritz Ziegenbart, er hat Fieber, und ich höre, wie er hin- und herrechnet und sagt: »Achtzig ist ganz unmöglich. Höchstens siebzig.« Und nach einer Weile sagt er: »Das ist der Haß des unterdrückten Volkes.« Und ich frage: »Was ist der Haß des unterdrückten Volkes, Ziegenbart?« Und er antwortet: »Das ist im ›Völkischen Beobachter‹ gestanden. Nach dem ersten deutschen Angriff wird das verbrecherische Regime Stalins vom Haß des unterdrückten Volkes hinweggefegt werden.« Und dann werd' ich auf einmal furchtbar müde, und ich hör' ihn noch sagen: »Höchstens siebzig, nicht ein Mann mehr.« Und dann muß ich eingeschlafen sein, denn auf einmal steht der dicke General da und fragt: »Wieviel haben wir jetzt?« Und der Leutnant Krickwitz antwortet: »Melde gehorsamst, Herr General, sechzig Millionen.« Da brüllt der General: »Machen Sie es für achtzig, Herr Leutnant. Sie wissen doch: wir sind ein Achtzig-Millionen-Volk!« Da sagt der Leutnant Krickwitz: »Melde gehorsamst, Herr General, ich weiß nicht, wo ich sie unterbringen kann. Wir haben doch schon die ganze Erde erobert.« Und der dicke General bläst sich auf und schreit: »Und was ist mit'm Mond? Was ist mit dem Mond? Für den Führer ist nichts unmöglich.« Und da steigen wir auch schon in ein Flugzeug, und der Leutnant Krickwitz sagt, wir müssen noch ein bißchen warten, bis Vollmond ist. Aber auf einmal merke ich, wir fliegen schon, und der Fritz Ziegenbart sagt zu mir: »Hirnschal«, so sagt er, »das da unten ist die Erde.« Und wir schauen und schauen, und da sehe ich ein großes Hakenkreuz, das reicht vom Weißen Meer bis zum Schwarzen Meer und von Frankreich bis zur Ukraine, und der General sagt stolz: »Das ist nämlich das Mahnmal, das wo der Generalbaurat Professor Kreis im Auftrage unseres geliebten Führers gebaut hat.« Und auf einmal sind wir am Mond, und der Leutnant sagt: »Der Krieg ist bestimmt in diesem Jahr zu Ende.« Und es wird immer kälter und kälter, und auf einmal sagt der Fritz Ziegenbart zu mir: »Hirnschal«, sagt er, »der Mond nimmt ab.« Und da seh' ich, es kriecht ein dunkler Schatten über den Mond und er kommt immer näher. Und ich drehe mich um, und da steht der Leutnant und zittert. Und ich drehe mich wieder um, und da steht der General und zittert. Da frage ich den Fritz Ziegenbart: »Ziegenbart, was ist das für ein Schatten?« Und der Fritz Ziegenbart antwortet: »Das ist der Haß der unterdrückten Völker, Hirnschal.« Und der General wird immer blasser und sagt: »Leutnant Krickwitz«, so sagt er, »jetzt ist Halbmond. Lassen Sie die Leute zusammenrücken. Nur keine Raumverschwendung!« Und wir drängen uns immer mehr zusammen, und der Mond wird immer schmäler, bis er eine ganz dünne Sichel ist, und wir rücken immer enger zusammen und alles zittert und stöhnt vor Angst, und wir können nicht mehr atmen, und auf einmal schreit der General: »Hilfe! Mitleid! Jetzt ist gleich Neumond!«

Da bin ich aufgewacht, weil nämlich der Fritz Ziegenbart geschrieen hat, und er hat die ganze Nacht weitergeschrieen und sich herumgeworfen im Fieber. Und wie dann endlich der Morgen da war, sind sie zurückgekommen zu unserem Massengrab, und ich höre den Leutnant Krickwitz sagen: »Wir versuchen es mit Achtzig.« Da habe ich gerufen, bis sie uns herausgeholt haben.

Und darum, mein vielgeliebtes Weib, schicke mir gleich einen Taschenkalender, damit ich sehe, wenn Neumond ist, und ich grüße Dich tausendmal,

Dein Dich innig liebender Adolf
Gefreiter in Rußland

12.

13. September 1941

Teure Amalia, vielgeliebtes Weib!

Ich bitt' Dich, wenn Du wieder den Krummen Gustav siehst, der wo die Brauselimonade erzeugt, frag' ihn, ob er sich noch erinnert, wie wir im letzten Krieg im Arrest zusammen gesungen haben:

Argonnerwald, Argonnerwald,
Ein stiller Friedhof bist du bald.
In deinem kühlen Schatten ruht
So manches tapfere Soldatenblut.

Sag' ihm, daß ich jetzt wieder an das Lied denken muß, und ich werde Dir erklären warum.

Also das war gestern, und wir sollen durch einen Wald vorrücken, um mit der nächsten Division Fühlung zu nehmen. Als Vorhut fahren vor uns drei Panzer und dahinter fahren wir, aber schon nach einer Viertelstunde stecken wir im Dreck. Ein Panzer muß zurückkommen, um unsere Fuhre aus dem Dreck herauszuziehen. Dann muß ein anderer Panzer zurückkommen, um den ersten Panzer aus dem Dreck herauszuziehen. Dem Hauptmann Sternitschka läuft der Schweiß von der Stirne 'runter und der Leutnant Krickwitz sagt zu ihm, er hat auf der Karte gesehen, daß eine Straße durch den Wald führt, aber der Hauptmann Sternitschka brüllt: »Leutnant Krickwitz – das *ist* die Straße!!« Und der Dienkopp sagt zu mir: »Hirnschal, jetzt fehlt nur noch, daß es zu regnen anfängt.« Und da fängt es auch schon zu regnen an. Gleich darauf werden wir aus Maschinengewehren beschossen, zwischen den Bäumen kommen fünf Panzer, und der Leutnant Krickwitz schreit: »Stellung! Feuer frei!« Und wir knattern drauflos, aber da hören wir den Hauptmann Sternitschka brüllen: »Stoppen!« Es stellt sich nämlich heraus, daß die fünf Panzer gar keine Russen sind, sondern zu der Division daneben gehören, und die Kerle entschuldigen sich bei uns, aber wir haben schon sechs Tote und zwölf Verwundete. Dann fahren wir weiter durch den Regen, und der Fritz Ziegenbart sagt zu mir, ich soll ein Lied singen aus dem letzten Krieg, und so singe ich denn:

In dem Bache schwimmt ein Fischlein,
Das ist glücklicher als ich.
Glücklich ist, wer das vergißt.
Was nun einmal nicht zu ändern ist.

Da kommt ein Meldefahrer auf den Hauptmann Sternitschka zu und sagt: »Herr Hauptmann, Fühlung mit Nachbar-Division hergestellt.« Und der Hauptmann Sternitschka antwortet: »Aber da stimmt doch was nicht, sie können noch gar nicht da sein.« Aber der Leutnant Krickwitz sagt: »Ich kann sie schon sehen, Herr Hauptmann, das sind deutsche Panzer.« Und da sind sie auch nur ein paar Meter von uns entfernt und plötzlich eröffnen sie das Feuer auf uns, denn es sind Russen darin, die haben die deutschen Panzer erst zwei Tage vorher erbeutet. Es gibt ein großes Durcheinander, und wir schießen drauflos und wissen nicht, wer Freund und wer Feind ist. Neben mir ist der Dienkopp, und wir stehen bis zum Knie im Wasser und langsam wird es stiller, aber wir wagen nicht, uns zu rühren. Und auf einmal hör' ich, wie der Dienkopp lacht. »Dienkopp«, frag' ich, »hast du was, Dienkopp?« – »Es ist nichts, Hirnschal«, sagt der Dienkopp, »ich habe nur gerade an einen gewissen Schnirpe gedacht, der wo mein Deutschlehrer war im Gymnasium, und jetzt hat er einen schönen Posten im Propagandaministerium. Der hat immer gesagt, im Krieg brennt die deutsche Seele am reinsten, und jetzt stell' ich mir den Schnirpe vor, wie er da mit uns im Dreck steckt. Aber die Schufte und die Bonzen haben ja alle sichere Posten.« – »Das sollst du nicht sagen, Dienkopp«, sag' ich ihm, »in der nationalsozialistischen Volksgemeinschaft steht jeder auf seinem Posten und es ist nicht schön, wenn du von Schuften und Bonzen sprichst. Wenn wir hier im Dreck krepieren, muß es doch jemanden geben, der zu Hause 'ne packende Gedenkrede hält.« Da kriecht plötzlich der Leutnant Krickwitz zu uns und fragt uns, ob wir nicht den Hauptmann Sternitschka gesehen haben, er ist nämlich verschwunden. Und er sagt, er übernimmt jetzt selbst das Kommando und wir müssen versuchen, ob wir nicht hinter den Panzern, die gerade vorbeifahren, mit durchbrechen können. So fahren wir vorsichtig an und immer weiter hinter den drei Panzern her. Und auf einmal läßt uns der Leutnant Krickwitz Halt machen und hält eine Ansprache: »Kameraden«, so sagt er, »wir sind nur 23 Mann, aber wir halten hoch die Fahne Adolf Hitlers. Diese drei Panzer, die vor unseren Augen den Weg ins Feindesland bahnen, sind ein Sinnbild der unbesiegbaren, gepanzerten Faust des neuen Deutschland.« Aber gerade wie der Leutnant Krickwitz das sagt, bleiben auch die drei Panzer stehen. Einer feuert einen Schuß über unsere Köpfe, und aus dem ersten Panzer ruft eine Stimme in gebrochenem Deutsch: »Hände hoch!« und der Leutnant Krickwitz streckt als erster ganz langsam die Hände in die Höhe.

Und da sind wir erst darauf gekommen, daß wir die ganze Zeit den Panzern nachgefahren sind, die wo die Russen schon zwei Tage vorher erbeutet haben, und wir sind mit einem Satz in den Wald hinein und rennen, und die Russen pfeffern wie wild hinter uns drein. Es war ein Buchenwald wie der hinter Zwieselsdorf, wo sich vor drei Jahren die Frau vom Apotheker Knacke aufgehängt hat. Und zum Schluß sind wir auf den Hauptmann Sternitschka gestoßen, wie er gerade die Toten im Wald hat sammeln lassen. Den Leutnant Krickwitz haben wir bis jetzt nicht wiedergesehen.

Und darum, mein vielgeliebtes Weib, wenn Du mit dem Krummen Gustav zusammenkommst, erzähl' ihm, daß ich in diesem Wald daran gedacht hab', wie wir im letzten Krieg

»Argonnerwald, Argonnerwald«

gesungen haben, und in diesem Sinne, meine treue Amalia, grüße ich Dich tausendmal,

Dein Dich innig liebender Adolf
Gefreiter in Rußland

P. S. Leutnant Krickwitz eben eingetroffen. Hat sich doch noch zu uns durchschlagen können. Der Obige

13.

27. September 1941

Teure Amalia, vielgeliebtes Weib!

Ich habe mich sehr über Deinen Brief gefreut, wo Du fragst, ob ich viel ins Kino geh' in Moskau und ob ich schon den neuen Film »Heimkehr« mit der Paula Wessely gesehen habe, und ich teile Dir mit, daß ich leider nicht, indem wir eine kleine Verspätung haben. Aber wenn ich einmal doch nach Moskau komm', werd' ich bestimmt ins Kino geh'n am Roten Platz, nur fürcht' ich, daß die Paula Wessely dann schon alte Weiberrollen spielen wird, obwohl uns der Führer für dieses Jahr den Endsieg versprochen hat, und ich bitte Dich, hör' in der nächsten Zeit bestimmt alle Frontberichte im Rundfunk an, und ich werde Dir erklären warum.

Also wir stehen gerade bis zum Bauch im Morast, und der Emil Jaschke sagt, er hält diesen Gestank und die Fliegen nicht mehr aus, und plötzlich fliegt mir eine ganze Ladung Dreck ins Gesicht, weil nämlich ein Wagen bei uns stehen bleibt, und ich seh', es ist ein Rundfunk-Aufnahmewagen und ein PK.-Berichter springt gerade herunter und brüllt aufgeregt herum; dann rennt einer mit einem Kabel und einem Mikrophon auf uns zu, und dann läuft der PK.-Berichter hinter ihm her und reißt ihm das Mikrophon aus der Hand und brüllt zum Wagen: »Achtung, fertig!« und vom Wagen brüllt einer zurück: »Alles aufnahmebereit!« und der PK.-Berichter ist ganz rot im Gesicht und brüllt: »Los!« Und im nächsten Augenblick spricht er ins Mikrophon hinein: »Die Truppen hier sind die Vorausabteilung unserer Division, die wo den flüchtenden Bolschewisten seit gestern hart auf den Fersen ist. Granatwerferwagen rasen an uns vorbei, Maschinengewehre knattern, Nebelgranaten explodieren, jetzt stürmt unsere Infanterie vor, von Baum zu Baum, von Busch zu Busch. Es ist ein wunderbarer Anblick. Halt – was ist das? Hier ist eine Gruppe Feldgrauer mit schwierigen Schanzarbeiten beschäftigt. He, Gefreiter, kommen Sie mal her!« Und dabei winkt mir der PK.-Mann und hält mir das Mikrophon vor die Nase und sagt: »Sagen Sie mal, Kamerad, was für Arbeit leisten Sie gerade?« Und ich antwort': »Mit Verlaub«, so sag' ich, »wir graben gerad' den Major Kielwasser aus, der wo hier irgendwo im Dreck liegt. Aber jetzt graben wir schon fünf Tage und wir haben ihn noch immer nicht erwischt.« Aber der PK.-Fritze zwinkert mir ganz aufgeregt mit den Augen zu und sagt geschwind ins Mikrophon: »Natürlich geht so ein siegreicher Vormarsch von historischen Ausmaßen nicht ohne schmerzliche Verluste vor sich! Das versteht sich von selbst, nicht wahr Kamerad ...« Und ich sag' darauf: »Ich möcht' nicht gern widersprechen«, so sag' ich, »aber es geht uns weniger um den Major Kielwasser als wie um die Operationspläne, die wo er in der Tasche hat, indem wir nämlich die Fühlung mit dem Hauptquartier verloren haben.« Und wie ich seh', daß er mich unterbrechen will, sag' ich schnell: »Die Geschichte ist nämlich die: der Major Kielwasser und der Hauptmann Kleinmann sind gerade dort drüben gestanden, wie eine russische Bombe eingeschlagen hat, und wir haben lang' nicht gewußt, wo sie hingekommen sind, bis der Hauptmann Sternitschka auf die Idee gekommen ist, der Luftdruck hat sie vielleicht hier in den Sumpf hineingeschleudert. So haben wir denn zu schaufeln angefangen, und die Pfeife vom Hauptmann Kleinmann haben wir auch richtig nach zwei Tagen gefunden ...« Da seh' ich, daß mich der PK.-Berichter schon wieder unterbrechen will, so sag' ich zu ihm: »Ich bin noch nicht fertig«, so sag' ich, »aber wenn Sie ununterbrochen so zwinkern, machen Sie mich ganz nervös, weil Sie mich nämlich an meinen Onkel Anastasius erinnern, der wo meine liebe Tante Sieglinde aufopfernd gepflegt hat, wie sie im Sterben gelegen ist. Und dann ist die Leiche von meiner lieben Tante Sieglinde plötzlich aus der Totenkammer verschwunden und kein Mensch hat gewußt, wo sie hingekommen ist. Dann hat sich aber mein Onkel Anastasius verraten, weil er auch so zu zwinkern angefangen hat, und da hat man festgestellt, daß mein lieber Onkel meine liebe Tante aus der Leichenkammer gestohlen und für 12 Mark 50 an die Anatomie verkauft hat, und er hat drei Monate Gefängnis bekommen, aber jetzt hör' ich, ist er im Büro vom Gesundheitsführer Dr. Conti angestellt zur Belohnung für seine Verdienste um die deutsche Wissenschaft. Deshalb macht es mich so nervös, wenn Sie mich so anzwinkern, und es wär' doch gewiß nicht gut, wenn die deutschen Rundfunkhörer vielleicht gar den Eindruck gewinnen, daß die Armee nervös ist auf dem Schlachtfeld.«

In diesem Augenblick bemerk' ich, daß der PK.-Berichter aufgehört hat zu zwinkern, aber dafür steht ihm Schaum vor dem Mund wie einem alten Schimmel, der wo scheu geworden ist, und er schreit mich an: »Sie Schweinehund Sie«, so brüllt er, »jetzt haben Sie mir mit Ihrem blöden Gequatsch die ganze Schallplattenaufnahme versaut! Wie heißen Sie, Sie Dreckkerl?« Und ich antwort': »Mit Verlaub, mein Name ist Adolf Hirnschal und ich bin aus Zwieselsdorf, aber warum haben Sie mir nicht gleich gesagt, Sie möchten von mir etwas Angenehmes hören für Ihre Propaganda? Da fällt mir zum Beispiel ein, der Reichsgesundheitsführer Dr. Conti, von dem wo ich vorhin gesprochen habe, hat erst vor kurzem gesagt, der gegenwärtige Krieg beeinflußt die Gesundheitslage in Deutschland so gut wie überhaupt nicht, und wenn Sie wollen, kann ich Ihnen das gleich beweisen: Von meinem Regiment, zum Beispiel, hat die Hälfte meiner Kameraden überhaupt keine Schmerzen mehr.«

Aber der PK.-Berichter brüllt die ganze Zeit: »Schluß! Schluß!« und will zurücklaufen zum Aufnahmewagen, dabei rutscht er aber im Dreck aus, und ich sage noch schnell in sein Mikrophon hinein: »Ich möchte die Gelegenheit benützen und meiner geliebten Frau Amalia Hirnschal in Zwieselsdorf einen Gruß schicken, und auch dem Krummen Gustav, der wo das Sodawasser erzeugt ...« Aber da war auch schon Schluß, denn der PK.-Mann ist auf und zurück zu seinem Wagen.

Und darum, mein vielgeliebtes Weib, höre Dir recht fleißig die »Frontberichte« an, und wenn Du demnächst meine Stimme hörst, dann wirst Du wissen, das ist der erste Frontbericht, der wirklich echt ist.

In diesem Sinne grüßt Dich tausendmal

Dein Dich innig liebender Adolf
Gefreiter in Rußland

14.

25. Oktober 1941

Teure Amalia, vielgeliebtes Weib!

Teile Dir mit, daß ich mit einem Wadenschuß im Feldlazarett bin, und heute nacht bin ich so knapp dem Heldentod entgangen, daß mir noch jetzt der kalte Angstschweiß auf der Stirn steht, und ich werde Dir erklären wieso.

Also, wie ich gestern abend so im Dunkeln liege, hör' ich: der Karl Biebrich, der wo mein Bettnachbar ist, wälzt sich hin und her und stöhnt, und ich frag' ihn, was er hat, und er sagt, er weiß nicht, was er tun soll; er kann sich doch den Verband nicht nochmal von seiner Wunde herunterreißen, aber zurück an die Front geht er auf keinen Fall, lieber schießt er sich eine Kugel in den Kopf. Darauf sag' ich ihm, ich kenne da einen gewissen Röchel, der wo im Zivil Gurkenhändler war in Köpenick, aber wie wir in Frankreich waren, war er unser Regimentskoch. Dieser Röchel hat auch immer gesagt, er schießt sich eine Kugel in den Kopf, wenn man ihn in die Feuerlinie schicken will, bis eines schönen Tages acht Meter von ihm eine Granate explodiert, gerade wie er Bohnen mit Kunstwurst kocht, und vor lauter Schreck hat er den Verstand verloren. So haben sie ihn in die Heimat zurückgeschickt, und dort haben sie ihm einen schönen Posten gegeben in der Abteilung Rundfunk im Reichsministerium für Volksaufklärung und Propaganda. Darauf sagt der Karl Biebrich, den Verstand verlieren ist gar nicht so schlecht, das ist noch angenehmer als ein Heimatschuß, und er möcht' es riskieren. Und der August Müller, der wo neben ihm liegt, sagt, er tut auch mit, und ich sag' dasselbe. So halten wir eine Beratung ab, und der Karl Biebrich fragt mich, was er sich denn einbilden soll, wer er ist. Darauf erklär' ich ihm, vor der Machtergreifung haben sich die Wahnsinnigen gerne eingebildet, sie sind der Napoleon oder der liebe Gott. Aber das hat sich alles geändert, der Napoleon ist jetzt unbeliebt bei den Verrückten, weil er seinerzeit auch nach Moskau marschiert ist, und der liebe Gott ist heutzutage viel zu wenig. Da sagt der Biebrich, er weiß einen viel besseren, und er flüstert mir etwas zu, und ich sag', ich möcht' mich das nicht trauen, und er sagt, er traut sich schon, und er wird eine Rede auswendig lernen, die wo derjenige vor zwei Jahren gehalten hat, im Reichstag oder im Sportpalast, er hat sich die Zeitung aufgehoben, und er kann sich schon erinnern, es war nicht im Reichstag, sondern es war im »Bürgerbräu« in München. Und der August Müller sagt, er hat gestern etwas im Rundfunk gehört, das hat ihm so gut gefallen, daß er es rezitieren will, vielleicht schicken sie ihn dann auch ins Propagandaministerium.

Und dann ist es losgegangen. Der Karl Biebrich brüllt, daß alle Sanitäter zusammenlaufen, der August Müller fängt an, das Stroh aus dem Strohsack zu essen, und ich werfe alle Medizinflaschen und Kübel aus dem Fenster 'raus. Zum Schluß bringt man uns nacheinander vor den Oberstabsarzt Dr. Krieschke, und neben dem Oberstabsarzt sitzt der SS-Gruppenführer Heinzhorst Suchanek. Als erster wird der Karl Biebrich vorgeführt, und der SS-Gruppenführer Heinzhorst Suchanek schreit ihn an: »Wie heißen Sie?« Der Karl Biebrich sieht ihn einen Augenblick lang starr an und dann schießt er los: »Ich habe es nicht als Erfolg der deutschen Politik, sondern als einen der Vernunft angesehen, daß es uns gelungen ist, mit Rußland zu einer Verständigung zu kommen. Einmal haben die beiden Völker sich bekriegt, keines der beiden Völker hatte davon einen Gewinn; wir sind übereingekommen, den Herren in London diesen Gefallen ein zweitesmal nicht mehr zu erweisen.«

Soweit ist er gekommen, da springt der SS-Gruppenführer Heinzhorst Suchanek auf und brüllt: »Erschießen! Erschießen!« Darauf nimmt der Oberstabsarzt verlegen seinen Zwikker herunter, aber der SS-Gruppenführer hat einen ganz roten Kopf und brüllt weiter: »Sofort erschießen! Der Mann ist ein gefährlicher Bolschewist!« Und bevor der Karl Biebrich noch sagen kann, daß er nur die Führerrede vom 8. November '39 zitiert hat, führen sie ihn schon hinaus. Als nächster kommt der August Müller dran, und der Oberstabsarzt fragt ihn: »Wie heißen Sie?« Darauf antwortet der August Müller: »Herr Oberstabsarzt, ich bin die Stimme der Front. Das Gesicht des Frontsoldaten ist ernst, unerbittlich ernst und ohne Gnade für den Feind, doch voll Siegeswillen und Siegesbewußtsein. Der Herzschlag der Heimat ist hart und fest, denn er schlägt im gleichen

Rhythmus mit dem Herzschlag der Front.« Soweit ist er gekommen, da brüllt der SS-Gruppenführer Heinzhorst Suchanek: »Erschießen! Erschießen!« Aber der Oberstabsarzt sagt sehr vorsichtig: »Bitte um Entschuldigung, Gruppenführer, der Mann zeigt deutliche Spuren völliger geistiger Zerrüttung ...« Daraufhin sieht der SS-Gruppenführer Heinzhorst Suchanek den Oberstabsarzt scharf an und sagt: »Wissen Sie nicht, was man in der Heimat mit den Geisteskranken macht? Man bringt sie um. Das können wir auch hier besorgen. Sofort erschießen!« Und bevor der August Müller noch erklären kann, daß er nur nachgeredet hat, was er im Rundfunk gehört hat, führen sie ihn schon hinaus.

Dann schreit der SS-Gruppenführer Heinzhorst Suchanek: »Der nächste!« und mir läuft der kalte Schweiß den Rücken herunter. Wie der Oberstabsarzt fragt: »Wie heißen Sie?« antworte ich freundlich: »Gefreiter Adolf Hi- «, aber ich bin gar nicht weitergekommen, als »Adolf Hi- «, so springt der Oberstabsarzt Dr. Krieschke, der wo sehr kurzsichtig ist, ganz erschrocken auf, erweist den deutschen Gruß und sagt: »Heil Hitler!«, und der SS-Gruppenführer Heinzhorst Suchanek, der wo keine Ahnung hat, was los ist, springt auch erschrocken auf und schlägt die Hacken zusammen, aber dann setzt er sich schnell wieder nieder und brüllt mich an: »Name!«, und ich komme wieder nicht weiter als »Adolf Hi- «, so schlägt er schon mit der Faust auf den Tisch und brüllt: »Erschießen! Sofort erschießen!« Aber ich sag' schnell: »Bitte um Entschuldigung, Gruppenführer, ich kann nichts dafür, aber ich heiße wirklich Adolf Hirnschal.« Darauf sieht er mich wütend an und sagt: »Nicht erschießen!« Dann nimmt er seinen Dolch heraus und putzt sich die Nägel. Der Oberstabsarzt Dr. Krieschke wirft mir einen freundlichen Blick zu und sagt: »Gefreiter Hirnschal«, so sagt er, »wie viele überzeugte Nationalsozialisten gibt es in Großdeutschland?« Und ich antworte: »Achtzig Millionen, Herr Oberstabsarzt.« Darauf schüttelt der Dr. Krieschke den Kopf und sagt: »Neunzig Millionen« und der SS-Gruppenführer Heinzhorst Suchanek sieht seine Fingernägel an und sagt: »Hundert Millionen.« So trete ich einen Schritt näher und sage: »Wenn Herr Oberstabsarzt erlauben«, sage ich, »das erinnert mich an einen interessanten Artikel, den wo ich vor kurzem in der ›Deutschen Fleischer-Zeitung‹ gelesen habe. Da haben sie eine Leberwurst in drei Teile zerschnitten und jeden Teil haben sie in eine andere Lebensmittel-Untersuchungsanstalt geschickt, und haben verlangt, die Chemiker sollen genau feststellen, wieviel Prozent Leber in der Leberwurst enthalten ist. Und was haben die Chemiker herausgefunden? In dem einen Laboratorium haben sie erklärt: fünf Prozent, in dem zweiten: acht Prozent und in dem dritten gar: zehn Prozent. Und was glauben Herr Oberstabsarzt, wie viel Leber in Wirklichkeit in der Leberwurst drin war? Überhaupt keine, Herr Oberstabsarzt, wie die ›Deutsche Fleischer-Zeitung‹ triumphierend feststellte. Es war alles nur Ersatz, Herr Oberstabsarzt.«

Aber da unterbricht mich der SS-Gruppenführer Heinzhorst Suchanek und sagt kurz: »KV. An die Front abstellen!« Und vor lauter Schrecken wache ich auf, und neben mir steht die Schwester mit dem Thermometer in der Hand und sagt: »Er hat schon wieder Fieber.«

Und in diesem Sinne, mein vielgeliebtes Weib, grüße ich Dich tausendmal,

Dein Dich innig liebender Adolf
Gefreiter in Rußland

P. S. Stelle Dir vor, soeben wird der Jaschke eingeliefert mit Streifschuß an Hüfte. Der Obige

15.

22. November 1941

Teure Amalia, vielgeliebtes Weib!

Teile Dir mit, daß ich geheilt aus dem Lazarett entlassen worden bin, zusammen mit dem Jaschke. Wir haben Befehl, wir sollen uns gleich wieder bei unserem Regiment einfinden, und wie wir so marschieren, und der Sturm treibt uns den Schnee in die Augen, schreit der Jaschke zu mir herüber: »Was glaubst du, Hirnschal«, schreit er, »wie werden wir unser Regiment wiederfinden?« Darauf antworte ich: »Das ist ganz einfach, Emil«, brüll' ich zurück, »ich erinnere mich genau, der Leutnant Krickwitz hat uns einmal gesagt, Anfang September sind wir in Moskau. Danach muß unser Regiment jetzt im November zumindest schon im Ural sein.« Und der Jaschke schreit zurück: »Vielleicht ist es schon in Sibirien.« Und ich brüll' zu ihm hinüber: »Ja, bei so einem Blitzkrieg weiß man eben nie im vorhinein, wo man hinkommt, wenn man einmal so recht im Schwung ist.«

Aber nach zwei Stunden waren unsere Füße wie Eisklumpen, und der Jaschke sagt gerade, er geht keinen Schritt weiter, da kommt eine Kolonne dahergefahren, und es stellt sich heraus, es sind Württemberger, und die lassen uns auf einen Laster hinaufklettern. Und wie wir mit ihnen zu ihrem Quartier kommen, da geht es dort so laut zu wie beim »Schwarzen Adler« in Zwieselsdorf, und wir versuchen gerade, die Stiefel auszuziehen, da sitzt neben uns auf dem Strohsack ein Oberschütze, und der sagt, sein Name ist Zwirbel, und er hat im Institut für Zeitungswissenschaft studiert. Dann bittet mich der Jaschke, ich soll ihm helfen beim Stiefelausziehn, denn er bringt sie nicht allein herunter, und der Oberschütze Zwirbel erklärt, die beste Zeitung ist unzweifelhaft der »Stürmer«, und wie ich frage warum, da sagt er, er muß es schließlich wissen, denn er hat Zeitungswissenschaft studiert und er ist nach langwierigen Experimenten daraufgekommen, die beste Zeitung, um die Füße einzupakken, bevor man darüber die Stiefel anzieht, ist zweifellos der

»Stürmer«. Denn nicht nur hält er die Füße schön warm, erklärt uns der Oberschütze Zwirbel, sondern es ist auch einwandfrei festgestellt worden, daß die Soldaten, die wo den »Stürmer« um die Füße gewickelt haben, am feurigsten vorwärtsstürmen, und angeblich sollen die Jungens von der Leibstandarte Adolf Hitler nur deshalb so große Erfolge erzielt haben. Und während er das erklärt, überreicht er mir freundlicherweise einen »Stürmer« vom Juli 1941 zum Füße-Einwickeln, und ich sehe gerade, daß darin steht: »Die russische Armee existiert nicht mehr. Rußland ist gebrochen; der Feldzug im Osten ist praktisch abgeschlossen.« Da geht die Türe auf und herein kommen fünf Italiener, und es stellt sich heraus, sie sind auch auf der Suche nach ihrem Regiment und sie sagen die ganze Zeit: »Non capisco.«

Da springt der Oberschütze Zwirbel auf einen Tisch und hält eine Rede, in der wo er erklärt, wie überaus glücklich wir sind, daß wir Schulter an Schulter mit unseren tapferen Waffenbrüdern kämpfen. Und weil gerade einer den Lautsprecher einschaltet, sagt der Zwirbel, wir wollen zu Ehren unserer italienischen Bundesgenossen auf Rom einstellen, denn wir sind ein Herz und eine Seele mit unseren tapferen Achsenkameraden. So wird der Lautsprecher auf Rom eingestellt, und es beginnt gerade die Nachrichtensendung in deutscher Sprache.

Im nächsten Augenblick springt in einer Ecke ein Unteroffizier auf, der Quadde heißt, und schreit: »Lautsprecher abstellen!« Darauf brüllt der Oberschütze Zwirbel zurück, es geht ihn einen Dreck an, ob er die Italiener feiert oder nicht. Darauf schreit der Quadde zurück, er ist von der Gestapo und es ist verboten, die italienischen Sendungen anzuhören. Da antwortet der Zwirbel, das wundert ihn aber sehr, wo wir doch ein Herz und eine Seele sind mit unseren italienischen Waffenbrüdern, und für wen denn überhaupt die deutschen Sendungen vom römischen Rundfunk sind, wenn die Deutschen sie nicht anhören dürfen. Aber weil er ein versöhnlicher Mensch ist, stellt er den Lautsprecher auf einen deutschen Sender ein, und es beginnen gerade die Nachrichten in italienischer Sprache. Wie der Quadde das hört, wird er noch aufgeregter und schreit abermals: »Lautsprecher abstellen!« Da wird aber auch der Zwirbel ganz wild und schreit, er hat Zeitungswissenschaft studiert, aber so ein Blödsinn ist ihm noch nicht untergekommen, und ob wir jetzt nicht einmal mehr einen deutschen Sender abhören dürfen. Und der Unteroffizier Quadde brüllt zurück, es ist nicht wegen uns, sondern wegen der Italiener, denn die Italiener dürfen nicht die italienischen Sendungen vom deutschen Rundfunk anhören, sondern nur die italienischen Sendungen vom italienischen Rundfunk. Wie er das hört, fängt der Zwirbel zu toben an und fragt, wozu die deutschen Sender dann überhaupt in italienischer Sprache senden, wenn die Italiener den ganzen Dreck nicht hören dürfen. Und der Quadde schreit zurück, daß die Deutschen zwar nicht die deutschen Sendungen vom italienischen Rundfunk anhören dürfen, aber dafür dürfen sie die italienischen Sendungen vom deutschen Rundfunk genau so anhören wie die deutschen Sendungen vom deutschen Rundfunk. Und genau so dürfen die Italiener zwar nicht die italienischen Sendungen vom deutschen Rundfunk anhören, aber sie dürfen dafür die deutschen Sendungen vom italienischen Rundfunk genau so anhören wie die italienischen Sendungen vom italienischen Rundfunk. Und daran kann ein jedes Kind erkennen, daß in Deutschland genau so große Freiheit herrscht wie in Italien.

In diesem Augenblick gibt es draußen einen Höllenlärm, und ein Hauptmann stürzt herein und schreit: »Alarm! Alles ’raus!« Und gleich darauf ist der Teufel los. Der Jaschke kommt kaum in seine Stiefel herein, da sind schon die russischen Flieger über uns, und durch die Straßen rasen unsere Panzer und Laster, aber diesmal in der verkehrten Richtung, denn sie kommen nämlich zurück von Rostow. Und wir hinunter und in den ersten Wagen, den wir erwischen können, und auf der Straße liegen zerschossene Panzer und im Stich gelassene MG.’s, und wie unser Laster steckenbleibt, laufen wir durch den zerstampften Schnee, und die Russen schießen mitten in uns hinein und jemand keucht schwer neben mir, und wie ich ihn anseh’, ist es der Oberschütze Zwirbel, der wo Zeitungswissenschaft studiert hat. »Zwirbel!« ruf’ ich, aber er schreit zurück: »Ich hab’ keine Zeit, Hirnschal!« und er läuft weiter. »Zwirbel«, ruf’ ich nochmals, »was sind das für Leute, mit denen wir da laufen?« Und er ruft zurück: »Die Leibstandarte Adolf Hitler von Rostow!« Und ich schrei’ zurück: »Haben sie sich denn nicht den ›Stürmer‹ um die Füße gewickelt?« Und er ruft: »Sie müssen ihn verkehrt herum gewickelt haben!« Und weg war er.

Auf einmal seh’ ich einen, der mir bekannt vorkommt, und dann entdecke ich den Leutnant Krickwitz, und im nächsten

Augenblick schreit einer: »Hirnschal!«, und es ist niemand anderer als der Fritz Ziegenbart, und so haben wir unser altes Regiment wiedergefunden. Aber so mancher ist nicht mehr dabei und es gibt viele neue Gesichter, und der Fritz Ziegenbart gibt mir einen Stoß und sagt: »Schön, daß du wieder bei uns bist, Hirnschal!« Und ich sage: »Das verdanken wir nur dem ›Stürmer‹, Ziegenbart!« Und er grinst und sagt: »Hirnschal«, sagt er, »ich habe einen Brief von zu Hause. Meine Frau hat mir geschrieben. Ich soll ihr verzeihen, schreibt sie, sie bereut ihren Fehltritt, schreibt sie.« Und so seh' ich ihn an und frag': »Na, und hast du ihr vergeben, Ziegenbart?« Und er zwinkert mit den Augen und sagt ganz glücklich: »Natürlich, Hirnschal. Natürlich hab' ich ihr vergeben.«

Und in diesem Sinne, mein vielgeliebtes Weib, grüßt und küßt Dich

Dein Dich liebender Adolf
Gefreiter in Rußland

16.

18. Januar 1942

Teure Amalia, vielgeliebtes Weib!

Teile Dir mit, daß wir heute 35 Grad unter Null haben, aber der Fritz Ziegenbart hat gesagt, das ist noch gar nichts, jetzt fängt es erst an, langsam kühl zu werden, und unser geliebter Führer hat schon alles so eingerichtet, daß der richtige russische Frost erst beginnt, wenn die warmen Handschuhe, Leibbinden und Nierenschützer aus der Heimat angekommen sind. Und wie der Ziegenbart das sagt, seufzt ein gewisser Karl Buchterkirch, der wo mit uns auf Vorposten steht, und wie ich ihn frage, warum er seufzt, sagt er, er fürchtet, für ihn werden die Handschuhe und Leibbinden zu spät kommen.

Da war aber noch einer mit uns auf dem Posten, ein gewisser Hans-Joachim Blitz, der wo ein wenig hinkt auf dem linken Fuß, und so frag' ich ihn, ob der Blitzkrieg vielleicht nach ihm benannt ist. Darauf sieht mich der Blitz scharf an und fragt mich: »Warum, Hirnschal?« Und ich antworte ihm: »Weil er auch schief geht.« Da wird der Blitz ganz wütend und sagt, ich soll mich in acht nehmen, und ob ich denn nicht weiß, mit wem ich es zu tun habe, und dann erzählt er, er war der berühmteste Hypnotiseur, Magnetiseur und Telepath in Eberswalde und Umgebung. Und dann sagt er, er hat einmal in einer Vorstellung im Brauhaussaal einen Postbeamten hypnotisiert, und er hat ihm eingeredet, das Jüngste Gericht ist gekommen, und darauf hat der Postbeamte in der Hypnose sechzig Paketdiebstähle und vierzehn Geldunterschlagungen eingestanden, und er ist nur deshalb nicht verhaftet worden, weil er bei der Gestapo war.

Wie der Blitz das erzählt, bin ich natürlich sehr interessiert und frag' ihn, ob er wirklich noch hypnotisieren kann, und er fragt, ob er es mir beweisen soll.

Und die ganze Zeit, wie wir so sprechen, seufzt der Karl Buchterkirch und ist ganz starr vor Kälte. So geben wir ihm einen Schluck Branntwein und reiben ihm das Gesicht mit

Schnee ab. Aber wie das alles nichts hilft, sag' ich zum Blitz, ob er nicht den Karl Buchterkirch hypnotisieren kann, und vielleicht kann er ihm dann einreden, daß es schön warm ist. Und darauf sagt der Blitz: »Natürlich kann ich das!« und er ersucht den Buchterkirch, er soll sich auf die Munitionskiste setzen, und dann sieht er ihn starr an und macht geheimnisvolle Bewegungen mit seinen Händen, und dann sagt er ganz langsam und eindringlich: »Sehen Sie mir ganz gerade und ruhig in die Augen, mein Verehrtester. So, mein Verehrtester. So. Und jetzt schalten Sie ganz Ihre Gedanken aus, mein Verehrtester. Schalten Sie ganz Ihre Vernunft aus. Schließen Sie die Augen, mein Verehrtester. So, und jetzt haben Sie gar keinen Willen mehr, gar keinen freien Willen.« Und der Buchterkirch sitzt ganz ruhig und weiß da und hat die Augen geschlossen. Und der Blitz sagt weiter: »Buchterkirch, es ist sehr warm geworden.« Da fängt der Buchterkirch zu lächeln an und sieht ganz glücklich aus. So frag' ich den Blitz, ob er ihm denn nicht noch einige schöne Sachen einreden kann. Und der Blitz sagt, ich soll ihm nur alles vorsagen, er wird es dann dem Buchterkirch schon eingeben. Darauf sag' ich: »Buchterkirch«, sag' ich, »das deutsche Volk ist sehr glücklich unter unserem geliebten Führer.« Und der Buchterkirch hat die Augen geschlossen und macht ein ganz verzücktes Gesicht. So rede ich weiter: »Buchterkirch«, sag' ich, »vor genau einem Monat hat der Führer unmittelbar das Oberkommando des Heeres übernommen. Damit ist die Offensive der Russen schlagartig zum Stehen gekommen.« Da bewegt der Buchterkirch ganz leise die Lippen und sagt: »Wir danken unserm Führer.« – »Buchterkirch«, erklär' ich weiter, »wir haben unsere Winterlinie bezogen, und die Russen werden uns daraus nicht verdrängen. Und England hat den Krieg schon längst verloren, aber es will das nur nicht eingestehen. Und die amerikanische Hilfe wird auch zu spät kommen, genau so wie es im letzten Krieg war. Und unser geliebter Führer ...« Aber ich kann nicht weitersprechen, denn in diesem Augenblick fällt der Karl Buchterkirch von der Munitionskiste, und er hat noch immer den glücklichen Ausdruck auf dem Gesicht, aber er ist ganz kalt und steif und alles Abreiben mit Schnee hilft nicht mehr. Und der Fritz Ziegenbart sagt, er hat noch nie einen Menschen so glücklich erfrieren sehen. Und wir haben ihn nicht einmal begraben können, denn im nächsten Augenblick hat uns ein

Trupp Kosaken überfallen, und wir sind froh, daß wir selbst lebend davongekommen sind.

In diesem Sinne, teuerste Amalia, grüßt Dich vielmals,

Dein Dich innig liebender Adolf
Gefreiter in Rußland

17.

1. Februar 1942

Teure Amalia, vielgeliebtes Weib!

Ich hoffe, daß Du den »Tag der nationalen Erhebung« gut verbracht hast, und teile Dir mit, daß *wir* die Rede des Führers mit sehr großer Genugtuung angehört haben, und ich werde Dir erklären warum.

Also ich habe gerade mein Hemd auf den Knien liegen und suche es ganz sorgfältig ab, und die meisten anderen machen dasselbe, und der Fritz Ziegenbart hat gerade einen Streit mit dem Jaschke, weil sich der Jaschke auf eine Bank hingelegt hat, und der Ziegenbart will die Bank zerhacken und in dem Ofen verbrennen, denn wir sind in einer Schule einquartiert – also in diesem Augenblick kommt der Leutnant Krickwitz herein mit einem Lautsprecher, und er sagt zu uns: »Kameraden«, so sagt er, »ich habe eine freudige Überraschung für euch: der Führer spricht.« Und dann macht er eine kleine Pause, vielleicht weil er erwartet, wir werden »Sieg-Heil!« rufen, aber die meisten von uns sind so mit dem Läusesuchen beschäftigt, daß wir erst merken, was los ist, wie schon der Führer im Lautsprecher sagt, er ist an dem Krieg völlig unschuldig.

So höre ich natürlich andächtig zu, während ich weiter suche; aber neben mir sitzt der Hans-Joachim Blitz, der wo ein berühmter Hypnotiseur war in Eberswalde, und der zählt immer laut, wenn er eine erwischt, und er hat bei 34 gehalten, wie der Führer zu sprechen angefangen hat, und beim Schluß der Rede bei 563, aber später hat der Hans-Joachim Blitz eingestanden, möglicherweise hat er sich geirrt und es sind bloß 560 gewesen. Neben ihm sitzt ein gewisser Schirmeisen, der wo einmal Hühneraugen-Operateur war in Freiburg im Breisgau, und dieser Schirmeisen stöhnt ununterbrochen, denn der Ziegenbart schneidet ihm mit einem Taschenmesser die Stiefel von den Füßen herunter, weil nämlich seine Füße so geschwollen sind, daß er bei jedem Schritt geschrieen hat.

Und ich bin so müde, daß ich immer schläfriger werde, während ich die Rede anhöre, und der Führer sagt gerade, was für ein Glück es für uns ist, daß wir einer Sache dienen können und uns opfern dürfen, da wird alles ganz verschwommen um mich her, und der Hans-Joachim Blitz erklärt: »Das ist ein Weibchen«, und der Fritz Ziegenbart fragt, wieso er das weiß. Und der Blitz antwortet, es ist größer, und dann sagt er, das Erstaunliche ist, wie schnell sie sich vermehren und das beste Mittel ist, man legt sich in einen Ameisenhaufen, denn die Ameisen sind ganz wild auf Läuse. Und wenn er im Oberkommando der Wehrmacht wäre, dann würde er sofort der ganzen deutschen Armee befehlen, sie soll sich in Ameisenhaufen legen, aber das Unglück ist, daß es jetzt im Winter keine Ameisen gibt, und er glaubt, unser geliebter Führer wartet nur deshalb mit solcher Sehnsucht auf den Frühling. Und wie er das erklärt hat, zählt er: »98«, und ich höre, wie der Führer beschreibt, wie die Partei gewachsen ist, und von zehn Anhängern ist ihm einer geblieben, und ich höre, wie der Hans-Joachim Blitz sagt: »99«, und der Führer fährt fort, er hat damals eine Rechnung aufgestellt, daß ihm von hundert zehn bleiben, und der Blitz zählt: »100«, und der Führer erklärt, von tausend würden ihm unter diesen Umständen hundert bleiben, und der Blitz sagt: »101«. Und da bemerke ich, daß es den Schirmeisen am ganzen Körper schüttelt, und die Tränen laufen ihm nur so über die Bartstoppeln, und ich frage ihn, was er hat, und er antwortet, es ist wegen seiner Füße, und er weiß, daß man sie ihm amputieren wird, und dann fragt er mich, ob ich glaub', es wird ihm das schaden in seinem Beruf als Hühneraugen-Operateur. Darauf sag' ich, ich glaub' nicht, aber ich möchte die Rede vom Führer weiterhören, und da sagt gerade der Jaschke, es brummt ihm der Schädel, und der Hans-Joachim Blitz fragt ihn sofort, ob er vielleicht sonst etwas spürt, ob er vielleicht Schüttelfrost hat oder Erbrechen, und der Jaschke sagt: ja und es juckt ihn am ganzen Körper. Und der Blitz sagt: »Das ist der Flecktyphus«, und der Jaschke sagt: »Nein, es sind die Läuse«, und er bekommt immer Kopfschmerzen, wenn der Führer spricht. Da sagt der Hans-Joachim Blitz, das Unglück ist, daß die Läuse den Flecktyphus verbreiten, und ob er vielleicht auch an Rückenschmerzen leidet oder an Schlaflosigkeit, und ich höre, wie unser geliebter Führer gerade sagt: »Ich will vor keiner Verantwortung zurückscheuen.« Und ich fühle, wie mir der Kopf immer schwerer wird, und der Hans-Joachim Blitz fragt den Jaschke, ob er vielleicht einen braunroten Ausschlag am Körper hat und ob seine Zunge trocken und lederartig ist, und es sterben im Durchschnitt 20 Prozent der Flecktyphuskranken, und dann sagt unser geliebter Führer: »Ich bin dem Schicksal dankbar, daß es mich an die Spitze des Staates gestellt hat.« Und der Blitz sagt »463«, und der Jaschke fragt mich, ob mir etwas fehlt, weil meine Augen so glänzen, und der Blitz sagt: man soll sich nur vorstellen, daß eine solche Laus Flecktyphusträger ist, und diese eine Laus vermehrt sich so schnell, daß ihre Familie in kurzer Zeit 2000 Läuse stark ist und jede ist ein Flecktyphusträger, und es ist darum sehr wichtig, daß wir jetzt volle zwei Stunden Zeit gehabt haben, um uns zu säubern, was wir schon seit 14 Tagen nicht haben tun können, und er glaubt, wir haben nur noch Zeit, bis der Führer zu Ende gesprochen hat.

Und richtig, kaum ist die Rede zu Ende, müssen wir wieder aufbrechen, aber wir waren sehr dankbar, und ich hoffe, daß es Dir auch so ergangen ist. Und in diesem Sinne grüßt Dich aufs innigste

Dein Dich liebender Adolf
Gefreiter in Rußland

18.

2. März 1942

Teure Amalia, vielgeliebtes Weib!

Teile Dir mit, daß uns die russischen Partisanen viel zu schaffen machen, und wir haben schon seit einer Woche keine Nachschübe bekommen, aber zum Glück mußten wir nicht frieren, denn wir waren in einem Haus einquartiert, das wo einen guten Ofen hat. Der Jaschke sagt, es muß einem Lehrer gehört haben, denn es war eine sehr große Bibliothek darin, und er hat ausgerechnet, wir verbrennen im Durchschnitt jede Stunde 35 Bücher und das gibt eine ganz schöne Wärme, und der Fritz Ziegenbart meint, wir erfüllen eine wirkliche Kulturaufgabe mit dem Bücherverbrennen, denn es ist bestimmt alles zersetzende bolschewistische Literatur, und dann fragt er den Hans-Joachim Blitz, ob er russisch lesen kann. Darauf sagt der Hans-Joachim Blitz »Natürlich!« und nimmt so ein Buch und kneift die Augen zusammen und nach einer Weile sagt er »Aha!«, und das macht uns ganz neugierig und wir fragen ihn, was das für ein Buch ist. Da antwortet der Blitz, es ist eine russische Übersetzung von Karl May.

Darauf sage ich: »Jetzt verstehe ich alles und jetzt ist mir auch ganz klar, wieso wir die Russen noch nicht im vergangenen Jahr geschlagen haben, wie uns unser geliebter Führer versprochen hat.« Und weil der Fritz Ziegenbart mich fragt, wie ich das meine, sage ich, ob er denn nicht vor ein paar Tagen im Rundfunk gehört hat, daß der Führer in Berchtesgaden neben »Mein Kampf« die Werke von Karl May stehen hat, weil nämlich Winnetou und Old Shatterhand und Friedrich der Große seine Ideale sind, und es ist ganz klar, unser geliebter Führer hat nicht nur seine Weltanschauung auf den Werken von Karl May aufgebaut, sondern auch seine ganze Strategie. Darauf kratzt sich der Fritz Ziegenbart und fragt, was das mit den Russen zu tun hat. Und ich antworte, es hat sehr viel mit ihnen zu tun, denn wir haben soeben eine hochwichtige Entdeckung gemacht, nämlich, daß auch die Russen offensichtlich in ihrer Strategie von

Karl May beeinflußt sind, und das erklärt auch, wieso wir es zum ersten Male mit einem ebenbürtigen Gegner zu tun haben.

Darauf sagt der Fritz Ziegenbart, jetzt versteht er erst die heimtückischen Kampfmethoden der russischen Partisanen, und dann erzählt er, er hat eine ganz unheimliche Geschichte gehört, er glaubt im Deutschlandsender, aber er kann es nicht beschwören: Also da hat ein deutsches Regiment eine russische Stadt erstürmt, und wie der Kampf zu Ende war und die Truppen Quartier bezogen haben, hat ein Gruppenführer der Waffen-SS, namens Hupfauer, in seinem Quartier einen gewissen Ort aufgesucht. Die sowjetischen Partisanen haben aber den Sitz in teuflischer Weise mit einer Art Höllenmaschine verbunden und in dem Augenblick, wie sich der Gruppenführer niedergesetzt hat, da hat das eine Schallplatte in Bewegung gesetzt und eine Stimme hat durch einen Lautsprecher gesagt: »Heil Hitler!« Natürlich ist darauf der Gruppenführer Hupfauer sofort aufgesprungen und hat den deutschen Gruß erwiesen, aber wie er sich wieder niedergesetzt hat, hat die Stimme wieder gerufen »Heil Hitler!« und der Gruppenführer hat wieder aufspringen müssen. Und so ist es weitergegangen, und zum Schluß ist ihm nichts übriggeblieben und er hat hinausgehen müssen in den Hof und infolgedessen hat er sich schwere Erfrierungen zugezogen. Daraus kann man wieder sehen, mit welchen satanischen Mitteln die bolschewistischen Partisanen arbeiten.

Wie der Fritz Ziegenbart diese Geschichte erzählt hat, kommt ein gewisser Obergefreiter Natoschek in die Stube. Dieser Natoschek hat in einem Jahr Russisch gelernt, wie die Partei Sprachkurse empfohlen hat zum Ausbau der freundschaftlichen Handelsbeziehungen zwischen Deutschland und der Sowjetunion. So sieht sich also der Natoschek das Buch an, das wo der Hans-Joachim vorhin in der Hand gehabt hat, und sagt, es ist gar nicht von Karl May, sondern von irgendeinem russischen Schriftsteller, der wo Tolstoj heißt oder so ähnlich, und er glaubt, es war ein Pazifist. Da wird der Blitz ganz verlegen und sagt, er muß sich geirrt haben, und wie er so herumstottert, gibt es Alarm, und wir werden schon von allen Seiten beschossen und schlagen uns mit knapper Mühe durch.

Und ich hab' mir gedacht, teure Amalia, ich schreibe Dir am besten von der Bibliothek, weil ich gehört habe, daß ihr jetzt daheim nicht gerade an einem Überfluß an Kohle leidet, und ich möchte Dich besonders aufmerksam machen, daß die Parteiliteratur besonders viel Wärme verbreitet, und man kann nicht früh genug damit anfangen – sicher ist sicher.

Und in diesem Sinne, teuerste Amalia, grüßt und küßt Dich tausendmal

Dein Dich innig liebender Adolf
Gefreiter in Rußland

19.

28. März 1942

Teure Amalia, vielgeliebtes Weib!

Teile Dir mit, daß wir eine sehr schwere Nacht hinter uns haben, und wir sind so zerschlagen und müde, daß wir gar nicht mehr aufstehen wollen, und der Fritz Ziegenbart sagt: »Das ist das Ende«, und der Hans-Joachim Blitz meint: »Das ist nur der Anfang«, aber ich glaube, es ist nur der Frühling, und ich werde Dir erklären warum.

Also wir haben die ganze Nacht zurückgehen müssen und der Schnee war ganz weich und tief, und wir sind erst am Morgen abgelöst worden, und wir waren so müde, daß viele von uns im Stehen eingeschlafen sind, und dann beginnt es zu schneien, und der Leutnant Krickwitz gibt Befehl, wir sollen die Zelte aufschlagen. Aber wie er sieht, wir fallen um vor Erschöpfung, hält er eine kurze Rede, um uns aufzumuntern, und sagt: »Kameraden«, so sagt er, »jetzt müssen wir nur noch wenige Wochen durchhalten. Dann kommt der Frühling, von dem wo unser geliebter Führer gesprochen hat.« Und während er das sagt, bemerk' ich, der Jaschke sieht sich sehr aufmerksam um, und er sieht einmal nach rechts und dann nach links und dann wieder nach rechts, und dann macht er die Augen zu, als ob er sich anstrengt, sich an etwas zu erinnern. Aber der Leutnant Krickwitz spricht die ganze Zeit weiter. »Kameraden«, so sagt er, »der Führer hat gesagt: Es kommt der Frühling und der Schnee wird schmelzen.« Und wie der Leutnant Krickwitz das sagt, bemerke ich, der Schnee, den wo uns der Wind ins Gesicht treibt, ist mit Regen gemischt, und so höre ich andächtig zu, was der Leutnant Krickwitz sagt: »Wir wissen, was der Frühling für uns deutsche Soldaten bedeutet«, so sagt der Leutnant Krickwitz. »Der Frühling bedeutet für uns Deutsche: Frühlingsoffensive. Offensive gegen die bolschewistischen Plutokraten.« Da flüstert mir der Jaschke zu: »Hirnschal«, so flüstert er, »ich glaube, in dieser Gegend sind wir schon mal gewesen. Im Oktober, Hirnschal. Damals sind wir aber in der anderen Richtung marschiert.« Aber ich antworte ihm gar nicht, denn ich höre den Leutnant Krickwitz rufen: »Und wenn der Schnee schmilzt«, so schreit er, »dann, dann ist der Frühling da, Kameraden, dann sprießt aus der Erde unser Schicksal hervor, das Schicksal des deutschen Soldaten!« Und dann sagt er, wir sollen uns schlafen legen.

Und so kriechen wir denn in die Zelte, und der Wind ist ganz warm, und der Regen schlägt gegen die Zeltbahnen und neben mir liegt der Hans-Joachim Blitz, und ich habe mich kaum ausgestreckt, so höre ich ihn schnarchen und dann schlafe auch ich ein. Aber im Schlaf höre ich auf einmal eine Stimme fragen: »Gefreiter Hirnschal«, so fragt die Stimme, »was kommt, wenn der Schnee schmilzt?« Und ich antworte: »Der Frühling kommt, Herr Leutnant.« Darauf haut mir einer mit einem Hammer auf den Schädel. Dann höre ich wieder die Stimme sagen: »Gefreiter Hirnschal, was sprießt aus der Erde hervor?« Und ich antworte: »Unser Schicksal, Herr Leutnant.« Darauf haut mir der Hammer wieder auf den Schädel. Dann fragt die Stimme weiter: »Was für Schicksal, Gefreiter Hirnschal?« und ich antworte: »Das Schicksal des deutschen Soldaten.« Und schon habe ich wieder einen Hieb über den Schädel. Und die Stimme fragt weiter: »Aus welcher Erde sprießt es?« Und ich antworte: »Aus der russischen Erde.« Und dann kriege ich einen so starken Hieb, daß ich aufwache, und da sehe ich, das Zelt ist über uns zusammengefallen, und ich denke mir, das ist der Sturm, oder vielleicht ist es auch, weil der Schnee schmilzt rings um das Zelt, und so krieche ich hinaus, und da sehe ich einen Pflock und binde das Zelt an, und dann sehe ich noch einen Pflock und binde die Zeltbahn auch dort an, und dann krieche ich wieder zurück und schlafe weiter.

Und wie wir geweckt werden, ist es schon Abend, und ich habe furchtbare Kopfschmerzen, und der Hans-Joachim Blitz hat ganz stumpfe Augen und sagt heiser: »Das ist der Frühling.« Und mir geht es wieder durch den Kopf: »Was sprießt aus der Erde hervor?« Und wir kriechen aus dem Zelt heraus und es ist Zwielicht, und ich muß die Augen aufreißen, aber ich sehe, der Schnee ist zusammengeschmolzen, und es sind überall schwarze Löcher darin und rings um uns sind lauter Hügel mit kleinen Kreuzen, und ich bemerke, ich hab' unser Zelt an zwei Kreuze angebunden. Da starre ich den Hans-Joachim Blitz an und sage: »Das Schicksal des deutschen Soldaten sprießt aus der Erde hervor.« Aber er versteht nicht und brummt bloß: »Jetzt hat uns der Idiot das Lager auf einem Kriegerfriedhof aufschlagen lassen.«

Und wir sind alle ganz müde und zerschlagen, und ich glaube, es ist uns der deutsche Frühling in die Glieder gefahren.

In diesem Sinne, mein vielgeliebtes Weib, blicken wir heute alle in die Zukunft, und ich grüße Dich aufs herzlichste,

Dein Dich innig liebender Adolf
Gefreiter in Rußland

20.

6. Juni 1942

Teure Amalia, vielgeliebtes Weib!

Teile Dir mit, daß wir seit 12 Stunden auf einem Friedhof liegen, und der Fritz Ziegenbart hat erklärt, der helle Mondschein macht ihn ganz krank, wenn die Schatten von den Wolken so gruselig über die Grabsteine laufen, aber der Leutnant Krickwitz meint, wir sind sehr glücklich, denn die Grabhügel stellen eine ideale Deckung dar, und noch besser sind die Gräber, die wo die Schrapnelle aufgerissen haben und eine bessere Stellung gibt es in der ganzen Gegend nicht. Aber der Fritz Ziegenbart, der wo in einem Familiengrab rechts von meinem Grabkreuz liegt, bemerkt dazu nur, eine Stellung als Hilfspostmann in Kottbus war ihm hundertmal lieber. So sage ich ihm, er soll nicht wieder anfangen zu meckern, er sieht doch ohnedies, von Woche zu Woche wird alles besser. Darauf wird der Fritz Ziegenbart ganz wütend und schreit zu mir herüber: »Du bist mondsüchtig geworden, Hirnschal! Wo sind wir denn vor der berühmten Vernichtungsschlacht gelegen, Hirnschal, vor fünf Wochen? Hier auf diesem verdammten Friedhof. Dann haben die Russen den Friedhof gestürmt und wir haben uns auf die Gebärklinik zurückziehen müssen. Und was ist nachher geschehen, Hirnschal? Wir sind zum Gegenangriff übergegangen. Und jetzt liegen wir wieder auf dem alten Friedhof und die Russen sitzen in der Gebärklinik. Und so wird alles besser und besser, was, du Idiot?«

So erkläre ich dem Fritz Ziegenbart, warum alles besser geworden ist. »Wie wir vor fünf Wochen auf diesem Friedhof waren«, sag' ich ihm, »da haben wir uns immer zu zweit hinter jedem Grabhügel zusammendrängen müssen. Jetzt sind nur die Hälfte von uns übrig und wir haben jeder bequem einen Grabhügel für sich. Da siehst du, wie alles besser wird, Ziegenbart.«

Aber der Fritz Ziegenbart wird darauf ganz nachdenklich und sagt trübselig: »Am besten wäre es, Hirnschal, wenn die ganze Menschheit aussterben würde.« Darauf antworte ich:

»Das hat mir schon einmal ein gewisser Isegrim Zapfl gesagt, der wo Leichenbestatter war in Zwieselsdorf, aber ich glaube, er hat es mehr aus übertriebenem Berufseifer gesagt.« Aber der Fritz Ziegenbart hört gar nicht, was ich rede, sondern fragt weiter: »Hirnschal«, so fragt er, »wie würdest du es anpacken, wenn du das ganze deutsche Volk ausrotten wolltest?« Darauf frage ich ihn verdutzt: »Wie meinst du das, Ziegenbart?« Und der Fritz Ziegenbart antwortet: »Ich denke mir nichts weiter dabei, ich überlege mir nur: wenn einmal ein Mensch einen ganz teuflischen Plan ausdenken wollte, um das deutsche Volk auszurotten, wie möchte er das am besten anpacken?« So denke ich eine ganze Weile nach und zum Schluß sage ich: »Zuerst würde ich die ganze deutsche Armee ganz weit fortschicken von der Heimat, und ebenso die Luftwaffe und soviel von der Flak wie nur möglich.« Da fragt der Ziegenbart: »Wozu möchtest du das machen, Hirnschal?« Und ich antworte ihm: »Damit die Heimat schutzlos wird, Ziegenbart. Ich möchte die Armee so weit wegschicken wie nur möglich, sagen wir, tief hinein nach Rußland – und ans Eismeer – oder meinetwegen in die afrikanische Wüste. Alle Männer, die die Familien beschützen könnten, möchte ich so aus dem Weg schaffen. Und dafür würde ich Leute nach Deutschland schicken, die wo das deutsche Volk hassen wie die Pest – Polen und Russen und Franzosen und so weiter, Leute, die wo nur auf den Augenblick lauern, wo sie losschlagen können.« Und ich merk', wie der Fritz Ziegenbart mir gespannt zuhört, und er fragt: »Und dann, Hirnschal?« – »Und dann möchte ich Amerika den Krieg erklären, und dann möchte ich die Engländer und die Amerikaner dazu bringen, daß sie Hunderte und Tausende von Flugzeugen über Deutschland schicken und anfangen, die deutschen Städte in Schutt und Asche zu legen. Und daheim werden sie sich nicht richtig wehren können, weil die meisten deutschen Flugzeuge und die Flak weit fort sind in Rußland und in Afrika. Und wenn die erste Stadt verwüstet ist, würde ich kommandieren: ›Nur weiter durchhalten!‹ Und wenn einer Schluß machen will mit dem Krieg, würde ich ihn erschießen lassen und würde wieder kommandieren: ›Nur weiter durchhalten! Bis zum Endsieg!‹ – bis eine Stadt nach der andern zerstört ist. Und die Armee draußen würde langsam dezimiert werden, denn die Zufuhren aus der Heimat würden immer kleiner werden, so wie die Rüstungsfabriken zerstört werden. Ich glaube, das wäre der teuflischste

Plan, den wo ein Mensch ausdenken kann, der wo es darauf abgesehen hat, das deutsche Volk systematisch auszurotten.«

Aber ich habe kaum zu Ende gesprochen, da fangen die Russen auf einmal mit schwerer Artillerie an, und wir bekommen einen Volltreffer auf den Friedhof, daß die Grabsteine und Sargsplitter nur so durch die Luft wirbeln, und wir denken, das Jüngste Gericht bricht über uns herein. Und in diesem Sinne, mein vielgeliebtes Weib, grüße ich Dich aufs herzlichste

Dein Dich innig liebender Adolf
Gefreiter in Rußland

21.

20. Juni 1942

Teure Amalia, vielgeliebtes Weib!

Gestern sind wir also abgelöst worden, und wir sind so zehn Kilometer hinter der Front und haben 16 Stunden durchgeschlafen, und jetzt liegen wir unter einer Birke und neben uns im Gras liegen die Socken, die wo wir im Bach gewaschen haben. Und so blinzeln wir in die Sonne, und auf einmal sagt der Jaschke: »Jetzt ist es gerade ein Jahr her.« Und der Hans-Joachim Blitz, der wo ein berühmter Hypnotiseur war in Eberswalde, bläst Ringe aus Zigarettenrauch in die Luft und fragt: »Ein Jahr seit wann, Jaschke?« Und der Jaschke antwortet: »Seit wir hier einmarschiert sind in Rußland.« Da fällt dem Hans-Joachim Blitz vor lauter Aufregung die Zigarette aus dem Mund und er sagt: »Kinder!« meint er, »das müssen wir feiern, Kinder!« Darauf ziele ich mit Spucke auf einen Schmetterling und sage: »Mit dem Feiern muß man heutzutage sehr vorsichtig sein. Da hat vor kurzem in einem polnischen Nest namens Podborice ein Pole seine Hose gewaschen, und dann hat er sie beim Fenster hinausgehängt zum Trocknen. Das Unglück hat aber gewollt, daß gerade der Geburtstag des Führers war, und so haben sie gesagt, er hat den Führer beleidigen wollen und haben ihn aufgehängt. Es ist alles in der Zeitung gestanden. Alles nur, weil er eine alte Hose hat trocknen wollen.« Darauf sagt der Fritz Ziegenbart nachdenklich: »Vielleicht war sie beschissen, Hirnschal.« Und so kommen wir wieder auf den russischen Feldzug zu sprechen und ich sage: »Da habe ich einen gewissen Eberhard Wundrisch gekannt«, sag' ich, »der wo Blutordensanwärter und Bademeister war im Städtischen Schwimmbad in Zwieselsdorf. Dieser Wundrisch war ein so begeisterter Nazi und Bolschewistenfresser, daß er unbedingt alle Siege in Rußland feiern wollte, und so hat er sich alle Sondermeldungen aus dem Führer-Hauptquartier auf den Körper tätowieren lassen. Ganz am Anfang vom russischen Feldzug hat er sich quer über die Brust tätowieren lassen: ›Die sowjetrussische Luftwaffe ist vernichtend geschlagen‹. Und am 3. Juli hat er sich auf die rechte Brustseite schreiben lassen: ›Die Widerstandskraft der Roten Armee ist gebrochen.‹ Und dann am 14. Juli auf die linke Brustseite, direkt übers Herz: ›Der Weg zum Endsieg liegt offen.‹ Und dann ist eine Vernichtungsschlacht nach der andern gekommen, zuerst auf dem rechten Arm und dann auf dem linken Arm, und auf dem Rücken hat er sich nicht weniger als achtmal tätowieren lassen: ›Die russische Armee ist vernichtet.‹ Am 3. Oktober hat er sich ganz groß auf den Bauch hinmalen lassen: ›Der Führer hat erklärt: dieser Gegner ist bereits gebrochen und wird sich nie wieder erheben.‹ Aber dieser Wundrisch hat großes Pech gehabt, denn wie sie dieses Frühjahr die Badeanstalt aufgemacht haben, ist es zu einem großen Skandal gekommen wegen der Tätowierungen, weil jetzt die Leute geglaubt haben, er macht sich über den Führer lustig, und der Wundrisch hat über Nacht seine Stellung aufgeben müssen, und ich höre, jetzt ist er Stoßtruppredner im Gau Bayreuth, weil da muß er nicht in der Badehose herumlaufen.«

Aber der Fritz Ziegenbart ist ganz still geworden, und wie ich fertig bin, sagt er: »Was glaubst du, Hirnschal, wo werden wir in einem Jahr sein? In Moskau oder im Kaukasus oder im Ural oder in Sibirien oder wo?« Aber bevor ich noch antworten kann, zeigt der Hans-Joachim Blitz auf das Feld auf der anderen Seite vom Bach, wo der Leutnant Krickwitz gerade ein Massengrab ausheben läßt. »*Dort* werden wir sein, Ziegenbart«, sagt der Hans-Joachim Blitz, »im Massengrab, Ziegenbart. Und warum? Weil für uns ganz Rußland ein Massengrab ist. Es hat nur einen Eingang, aber keinen Ausgang. Wir marschieren und wir marschieren, aber wir marschieren nur ins Massengrab, Ziegenbart. Wir sind nur Tote auf Urlaub, Ziegenbart.« Und wie er das gesagt hat, steht der lange Hans-Joachim Blitz ganz ungeschickt auf und geht mit seinen bloßen Füßen hinkend abseits und setzt sich nieder und vergräbt sein Gesicht in den Händen.

Aber im nächsten Augenblick beginnt ein Maschinengewehr in dem Wald hinter uns zu knattern, und wir können noch gerade unsere Stiefel packen und laufen geduckt über das Feld, und ich sehe, wie uns der Leutnant Krickwitz aufgeregt Zeichen gibt, und schon knallt es auf allen Seiten los, und da sind wir mit einem Satz über den Bach und kollern hinein in das Massengrab, und wir drücken uns gegen die weiche Erde und fühlen uns ganz sicher da unten.

Und in diesem Sinne, mein vielgeliebtes Weib, grüße ich Dich aufs herzlichste,

Dein Dich innig liebender Adolf
Gefreiter in Rußland

22.

18. Juli 1942

Teure Amalia, vielgeliebtes Weib!

Teile Dir mit, daß wir heute die Herzen der Ukrainer im Sturm erobert haben, und ich werde Dir erklären wieso.

Wir sind vor zwei Tagen in diesem Dorf eingerückt und heute sitzen wir gerade im Sonnenschein vor dem Haus, wo wir einquartiert sind, und die Post ist eben angekommen, und nur für mich war kein Brief dabei. Da sehe ich auf einmal, daß der Fritz Ziegenbart ganz blaß wird, und wie ich ihn frage, ob irgend etwas nicht in Ordnung ist, da reicht er mir seinen Brief, und da steht in großen Buchstaben:

»ZU IHRER INFORMATION UND DANACHRICHTUNG. IHRE FRAU HAT EIN VERHÄLTNIS MIT DEM OBERKREISMILCHPRÜFUNGSAUSSCHUSS!!
EIN WOHLMEINENDER FREUND.«

So versuche ich, den Fritz Ziegenbart zu beruhigen, doch er sagt, es ist nicht das erste Mal, daß ihm seine Frau untreu wird, aber in einem so großen Maßstab hat sie ihn noch nie vorher betrogen, und gerade, wie ich ihm auseinandersetze, daß man einem anonymen Brief niemals trauen darf, da kommt der Leutnant Krickwitz und sagt, wir müssen jetzt die Herzen der Ukrainer im Sturm erobern. Und dann läßt er den Lautsprecher in die Eingangstür stellen und erklärt, jeder deutsche Soldat hat die Pflicht, politische Propaganda in die besetzten Gebiete zu tragen, damit die befreiten Völker so recht verstehen, was sie Adolf Hitler verdanken. Darum hat der Großdeutsche Rundfunk regelmäßige Sendungen in den Sprachen der Ostvölker eingeführt, und alle Einheiten sollen ihre Dienstgeräte zur Verfügung stellen, damit die ganze Bevölkerung die Stimme des Reiches hören kann.

Und nachdem der Leutnant Krickwitz alles erklärt hat, stellt er den Lautsprecher ein, und wir hören aufmerksam zu, obwohl wir kein Wort verstehen, denn die Sendung ist in ukrainischer Sprache. Aber wir wollen natürlich alle dabei sein, wie die Herzen der Bevölkerung im Sturm erobert werden. Und richtig, nach ein, zwei Minuten kommen ein paar halbverhungerte Kinder und hören mit offenem Mund zu, und dann kommen ein paar Weiber und sind ganz ängstlich und scheu, aber sie bleiben stehen und hören zu, und aus den halbzerstörten Katen tauchen andere Weiber und alte Männer auf und es kommen immer mehr und mehr und zum Schluß sind über fünfzig versammelt, und der Leutnant Krickwitz ist ganz außer sich vor Freude, daß er ein so guter Propagandist ist, und er sagt: »Seht ihr, wie sie zuhören? Seht ihr, wie ihre Augen leuchten?« Und wirklich, die Bauern werden immer lebendiger und zutraulicher und auf einmal sind sie ganz wild vor Begeisterung, und der Leutnant Krickwitz verliert fast den Verstand vor lauter Freude und brüllt mit und ruft: »Hört ihr sie? Seht ihr sie? Das hat gesessen! Wir haben ihre Herzen im Sturm erobert!« Und dann sagt er ganz langsam und feierlich: »Da sieht man wieder, was für eine unüberwindliche Kraft von der Wahrheit ausgeht.« Aber da tritt der Hans-Joachim Blitz vor und sagt: »Bitte Herrn Leutnant melden zu dürfen, daß Herr Leutnant den Lautsprecher auf Radio Moskau eingestellt haben.« Darauf stürzt der Leutnant Krickwitz zum Lautsprecher und dreht aufgeregt daran herum, bis er den Deutschlandsender bekommt, und wir hören eine Stimme sagen: »Hier ist die Stimme der Front ...« Und eine Sekunde später ist die Straße wie leergefegt. So geht der Leutnant Krickwitz wütend ins Haus hinein und sagt: »Ich habe keine Zeit für die Propagandaarbeit. Sie sind ein intelligenter Mensch, Gefreiter Hirnschal, versuchen Sie es mal.« Und so übernehme ich die Propagandaarbeit.

Zuerst mache ich einen alten Bauern mit einem weißen Bart ausfindig, einen gewissen Iwan Iwanowitsch, der wo ein paar Worte deutsch versteht, weil er im letzten Krieg als Kriegsgefangener in Ostpreußen war.

Diesen Iwan Iwanowitsch lasse ich in unsere Lehmkate kommen und sage zu ihm: »Stelle dir einmal vor, Iwan Iwanowitsch, was wäre geschehen, wenn wir nicht gekommen wären, um dich von dem bolschewistischen Joch zu befreien?« Darauf knurrt Fritz Ziegenbart, der wo hinter mir steht: »Sein Haus wäre nicht niedergebrannt, seine Frau wäre nicht erschossen, sein Sohn wäre nicht verschwunden und seine Kühe wären nicht geschlachtet!« Aber der Iwan Iwanowitsch sagt gar nichts. Da denke ich mir, ich fange lieber mit den ersten Grundsätzen an und sage: »Iwan Iwanowitsch, stelle dir einen Augenblick vor, Adolf Hitler wäre nie zur Macht gekommen.« Darauf knurrt der lange Katting: »Dann wäre ich noch daheim auf meinem Hof und bei meiner Frau und bei meinen Kindern.« Und der Jaschke stiert vor sich hin und sagt: »Dann wären meine zwei Brüder noch am Leben, und ich möchte jetzt vielleicht im ›Schwarzen Löwen‹ sitzen und Skat spielen ...« – »Halt's Maul, Emil«, sag' ich, »das ist nicht die richtige Propaganda für den Iwan Iwanowitsch ...« Aber da fährt mich der Fritz Ziegenbart an: »Ich scheiß' auf deine Propaganda, Hirnschal! Der Jaschke hat ganz recht, das ganze Leben hat er uns versaut ...« Und der lange Katting packt die Hände vom alten Iwan Iwanowitsch und sagt: »Da seht euch die an, Bauernhände, so wie meine! Und was hat uns der alte Kerl getan, daß wir ihm das Haus niedergebrannt haben? Hat er uns überfallen oder wir ihn?« Darauf mischt sich der Hans-Joachim Blitz ein und sagt: »Das Unglück ist, daß wir nichts über die Russen wissen. Vielleicht kann uns der Iwan Iwanowitsch etwas darüber erzählen.« Aber der alte Kerl bringt vor Aufregung kein Wort heraus, und so erkläre ich ihm, das war schon genug Propaganda, und der Katting sagt, er ist dem Iwan Iwanowitsch sehr dankbar, denn er hat ihm die Augen geöffnet, ohne daß er den Mund aufgemacht hat. Und daraus sieht man wieder, was für gefährliche Agitatoren die Bolschewiken sind.

Und in diesem Sinne, mein vielgeliebtes Weib, grüße ich Dich aufs innigste,

Dein Dich liebender Adolf
Gefreiter in Rußland

23.

30. Juli 1942

Teure Amalia, vielgeliebtes Weib!

Gestern sind wir zehn Stunden marschiert, und wie der Leutnant Krickwitz sieht, daß wir schon umfallen vor Durst und Hitze, läßt er Halt machen und beginnt eine Ansprache: »Kameraden!«, so sagt er, »wir sind die Fahnenträger der deutschen Kultur, mit der wir die ganze Welt beglücken werden.« Im nächsten Augenblick knallt es von allen Seiten, denn wir sind in einen russischen Hinterhalt geraten. Da gibt der Leutnant Krickwitz aufgeregt Befehl zum Rückzug, aber plötzlich ist alles schwarz vor Staub und Rauch, und ich höre den Leutnant Krickwitz husten: »Das sind unsere neuesten Nebelwerfer!« Und dann weiß ich nicht mehr, wo ich bin.

Wie ich aufwache, liegt der Leutnant Krickwitz neben mir, und seine Uniform ist blutig und er hat Fieber und sagt: »Gefreiter Hirnschal, wir sind die Nebelwerfer der deutschen Kultur. Heil Hitler!« So frage ich ihn, ob er schwer verwundet ist, aber wie er nicht antwortet, untersuche ich ihn, und er hat nur einen Streifschuß am Oberschenkel. »Herr Leutnant«, sage ich, wie ich ihn verbinde, »es ist nur eine Kleinigkeit, und die Sanitäter werden gleich hier sein.« Aber er jammert, sein Bein muß amputiert werden, und er muß zeitlebens ein Krüppel bleiben. So denke ich, ich muß ihn trösten, und ich sage zu ihm: »Herr Leutnant«, sage ich, »ich habe vor kurzem einen Rundfunkvortrag gehört, den wo ein gewisser Professor Dr. Lothar Kreuz gehalten hat, der wo Rektor der Universität Berlin ist. Dieser Vortrag hat den Titel gehabt: ›Schicksalsfragen der Amputierten‹, und der Professor Kreuz hat darin haargenau bewiesen, daß die Prothesen zumindest ebenso nützlich sind wie die natürlichen Gliedmaßen. So hat er zum Beispiel erzählt, Herr Leutnant, daß Fuß- und Unterschenkel-Amputierte mit ihren Prothesen reiten und Skilaufen können, und Einhänder, die wo auf der verletzten Seite hochoberarmamputiert sind, können noch genau so eine kriegswichtige Arbeit leisten wie Ohnhänder, bei denen noch ein ausreichender Unterarmstumpf erhalten geblieben ist. Das Schönste aber ist, Herr Leutnant, daß es auch dabei vor allem auf den nationalsozialistischen Tatwillen ankommt, von dem wo immer unser geliebter Führer gesprochen hat. Denn – wie der Professor Kreuz sagte –, wenn dieser Tatwille nicht vorhanden ist, dann kann der Stumpf noch so leistungsfähig sein, die Prothese von noch so hervorragender Konstruktion sein, ihre Leistungsfähigkeit bleibt unausgenutzt, ihr Einsatz enttäuscht‹. Und diese schlichten Worte des Professors Kreuz zeigen am besten, Herr Leutnant, welches unendliche Glück unser geliebter Führer über das deutsche Volk gebracht hat, denn wenn selbst von uns allen nichts übrigbleiben sollte als Stümpfe, werden wir doch einsatzfähig bleiben, solange uns der nationalsozialistische Tatwille erfüllt. Herr Leutnant, selbst der Doppeloberschenkelamputierte braucht den Kopf nicht hängen zu lassen, denn er kann noch immer den Hitler-Gruß leisten.«

Wie ich diese tröstenden Worte gesprochen habe, sieht mich der Leutnant Krickwitz an und fragt mich, ob ich weiß, wer der Götz von Berlichingen gewesen ist. Darauf antworte ich: »Jawohl, Herr Leutnant. Der Götz von Berlichingen war der Ritter, der wo auf dem rechten Unterarmstumpf eine Behelfsprothese gehabt hat.« Darauf wirft mir der Leutnant Krickwitz einen vernichtenden Blick zu und fragt, ob ich das berühmte Götz-Zitat kenne. Darauf antworte ich: »Gewiß, Herr Leutnant. Und ich habe auch vor einer Woche im Deutschlandsender einen Vortrag des berühmten Schauspielers Heinrich George gehört, der wo am besten gezeigt hat, wie der Nationalsozialismus unsere stolze Männlichkeit fördert und wie sich die deutsche Kultur über die ganze Welt verbreitet hat. Denn ob George in Mexiko war oder in Kalifornien oder in Spitzbergen oder in der Wilhelmstraße, überall – so hieß es in dem Vortrag – überall kannte man das klassische Zitat, aber keiner wußte etwas um Goethe. Und in dieser Rundfunksendung, Herr Leutnant, hat der Schauspieler Heinrich George auch einen wissenschaftlichen Streit mit der ›BZ am Mittag‹ ausgetragen, die wo ihm in einem Artikel vorgeworfen hat, daß er den Text von Goethe geändert hat, indem er in dem Götz-Zitat ›am‹ gesagt hat, anstatt ›im‹, und der Heinrich George hat sich darüber sehr aufgeregt und hat im Rundfunk erklärt, das ›am‹ liegt ihm als Norddeutschen besser und das ›im‹ klingt ihm zu intim und er glaubt, daß er eine wirkliche Verbesserung an Goethe vorgenommen hat, wenn er statt ›im‹ ›am‹ sagt. Aber meiner bescheidenen Ansicht nach, Herr Leutnant, ist ›im‹ und ›am‹ gehupft wie gesprungen, solange der Vorgang nur im nationalsozialistischen Geiste erfolgt, denn auch da kommt es nur auf den Tatwillen an. Wenn nur zwei Menschen so sehr von einer gemeinsamen Idee erfüllt sind, wie etwa unser geliebter Führer und der Duce, dann, Herr Leutnant, spielen kleine Verschiedenheiten der Sprache keine Rolle mehr. Ich könnte mir zum Beispiel sehr gut vorstellen, daß unser geliebter Führer dem Duce zu seinem Geburtstag ein Glückwunschtelegramm schickt, das bloß aus dem Wort ›IM‹ besteht, und der Duce würde mit einem Telegramm antworten, das bloß ›AM‹ lautet, aber sie würden sich vollkommen verstehen. Und ich hoffe, Herr Leutnant, mit der Zeit wird dieses volle Verständnis auch das ganze deutsche Volk gegenüber seinem geliebten Führer beseelen.«

Wie ich das gesagt habe, sind die Sanitäter gekommen und haben den Leutnant Krickwitz davongetragen, und in der eben ausgesprochenen Hoffnung, mein vielgeliebtes Weib, grüße ich Dich aufs innigste,

Dein Dich liebender Adolf
Gefreiter in Rußland

24.

12. September 1942

Teure Amalia, vielgeliebtes Weib!

Teile Dir mit, daß in unserem Regiment große Aufregung herrscht und der Leutnant Krickwitz sagt, wir sind eine Schande für die ganze deutsche Wehrmacht, und ich werde dir erklären wieso.

Also ich liege gestern nacht in unserem Unterstand und träume gerade von einem Läusevertilgungsmittel, das wo ein großer deutscher Wissenschaftler aus Pferdeschweiß erzeugt hat. Da rüttelt mich wer am Arm und wie ich auffahre, ist es der Obergefreite Reinhold Löffelholz, der wo einmal Maschinenschlosser war in Köln-Müngersdorf. Er hat vor einer Woche einen Brief bekommen, in dem wo gestanden hat, seine Frau ist von einer englischen Bombe getötet worden, wie sie gerade in einer Munitionsfabrik Nachtschicht gearbeitet hat, und seitdem hat Löffelholz kein Wort mehr gesprochen. So denke ich mir, etwas ist nicht in Ordnung, aber er flüstert mir nur zu: »Komm heraus, Hirnschal.« Da kriech ich mit ihm hinaus aus unserer Höhle, und es beginnt gerade hell zu werden, und der Löffelholz flüstert wieder: »Hörst du das, Hirnschal?« Und da höre ich eine Stimme, die wo aus einem Lautsprecher kommt, und wir kriechen vorsichtig näher, damit wir besser verstehen können. »Deutsche Soldaten!« sagt die Stimme, »die britischen Flieger verwandeln eure Städte in Trümmerhaufen! Ihr geht hier in Rußland zugrunde, und daheim sterben eure Familien. Wofür kämpft ihr überhaupt, deutsche Arbeiter und Bauern? Ihr kämpft für ein System der Unterdrückung und der Rechtlosigkeit.« Und so geht es weiter und der Reinhold Löffelholz und ich liegen platt auf dem Bauch zwischen ein paar Sonnenblumen, wo uns kein Mensch entdecken kann und so hören wir zu, bis der Lautsprecher still wird. Dann fragt der Löffelholz: »Was hältst du davon, Hirnschal?« Und ich antworte: »Das ist alles nur dumme bolschewistische Lügenpropaganda! Überleg dir nur einmal das mit der Rechtslosigkeit. Ist es denn wahr, daß es in

Deutschland kein Recht gibt? Natürlich ist das eine niederträchtige Lüge, denn unser verehrter neuer Justizminister Dr. Thierak hat ausdrücklich erklärt: Der Führer hat mich ermächtigt, von dem bestehenden Rechte abzuweichen. Da siehst du also, daß ein Recht in Deutschland besteht, sonst könnte er ja nicht davon abweichen. Und nicht nur ein Recht – sondern viele Rechte. Für den Arbeiter gilt ein anderes Recht als für die großen Industrieführer. Und für unsere geliebten Parteibonzen gilt natürlich ein ganz anderes Recht als für das gemeine Volk. Und das ist ja auch ganz natürlich so, denn nach der nationalsozialistischen Rechtsauffassung gilt ja nicht das jüdisch-plutokratisch-bolschewistische Schlagwort »Gleiches Recht für alle!« sondern es gilt der alte preußische Spruch »Jedem das Seine!« Dem Führer das Seine, und dem Volke das Seine. Den Bonzen die bombensicheren Luftschutzkeller und den Arbeitern die sicheren Bomben. Jedem das Seine. Den Parteiführern den Kriegsgewinn, und den Soldaten den Krieg. Jedem das Seine. Das ist die revolutionäre Rechtsauffassung des Nationalsozialismus, und ich hoffe, mein lieber Löffelholz, daß ich dich voll und ganz überzeugt habe.« Aber der Löffelholz sieht ganz starr vor sich hin und flüstert: »Ja, ich bin überzeugt.« Das hat sich alles gestern früh abgespielt. Aber heute früh werden wir auf einmal durch eine laute Stimme geweckt, und wie der Jaschke und ich die Köpfe aus dem Unterstand herausstrecken, hören wir die Stimme aus dem Lautsprecher: »Achtung, Achtung, deutsche Soldaten!« so sagt die Stimme. »Hört ihr mich, Hirnschal, Jaschke, Fritz Ziegenbart und die anderen? Hier spricht euer Kamerad, Reinhold Löffelholz. Ich bin in der Nacht zu den Russen übergegangen, weil ich mich nicht umbringen lassen will für Hitler und die übrigen Ausbeuter. Ich sage: Jedem das Seine, Kameraden! Dem deutschen Arbeiter die Freiheit und dem Nazibonzen den Galgen!«

Aber wir können nicht weiter zuhören, denn in diesem Augenblick stürzt der Leutnant Krickwitz heraus und hat weißen Schaum um den Mund und brüllt: »Feuer, Feuer, schießt ihn ab den Lautsprecher!« Und dann hat auf beiden Seiten das Schießen angefangen, und der Leutnant Krickwitz hat weiter gebrüllt wie wahnsinnig, und zwischendurch hören wir immer wieder die Stimme vom Löffelholz: »Laßt euch nicht abschlachten für die Sklavenhalter! Kämpft für Freiheit und Gerechtigkeit!«

Und in diesem Sinne, mein vielgeliebtes Weib, grüße und küsse ich Dich tausendmal,

Dein Dich liebender Adolf
Gefreiter in Rußland

25.

17. Oktober 1942

Teure Amalia, vielgeliebtes Weib!

Teile Dir mit, daß wir uns in einer sehr ungemütlichen Lage befinden, und ich weiß nicht, ob ich diesen Brief beenden kann, und wenn nicht, so grüße und küsse ich Dich bereits am Anfang meines Schreibens, und ich werde Dir erklären warum.

Also wir sind heute den ganzen Tag in unserem tiefsten Bunker auf dem Bauch gelegen und haben die Ohren an die Erde gehalten, denn wir haben entdeckt, daß die Russen unsere Stellung unterminieren. Auf einmal sagt der Fritz Ziegenbart: »Da sind sie wieder!«, und da hör' ich auch schon das Klopfen von Pickeln und Schaufeln, wie die Russen den Minenstollen vortreiben. So sag' ich zum Ziegenbart: »Solang' man sie klopfen hört, ist es nicht so schlecht«, sag' ich, »aber wenn es mal aufhört, dann weißt du, du wirst jetzt mal in die Luft fliegen, auch wenn du bei der Infanterie bist.« Da kriecht der Oberleutnant Krickwitz zu uns und ist ganz grün vor Aufregung. »Wir müssen unbedingt die Stellung halten«, sagt er. »Wir müssen durchhalten. Wir Deutschen können am *besten* durchhalten.« Darauf bemerke ich: »Sehr richtig, Herr Oberleutnant«, sage ich, »das sieht man auch an Stalingrad, Herr Oberleutnant. Jetzt halten wir die Schlacht um Stalingrad schon achtzig Tage durch. Das macht uns keiner nach. Höchstens die Russen.« Aber der Oberleutnant Krickwitz ist so nervös, daß er mir gar nicht zuhört, und er sagt nur: »Wir *müssen* durchhalten. Die Zeit ist auf unserer Seite. Das hat der Führer selbst gesagt. Das Schlimmste liegt bereits hinter uns.« Und dann kriecht er wieder schleunigst aus dem Bunker. So sag' ich zum Fritz Ziegenbart: »Da fällt mir ein gewisser Theoderich Zwanzig ein, der wo sich in Zwieselsdorf als Schaubudenbesitzer etabliert hat. Dieser Zwanzig ist noch vor ein paar Jahren mit einem motorisierten Flohzirkus herumgezogen und so hat er auch in Zwieselsdorf eine Galavorstellung gegeben, anläßlich des Geburtstages vom Reichspräsidenten Hindenburg, und nach der Vorstellung ist ein gewisser

Schwublich zu ihm gekommen, der wo ein ganz armer Teufel war, und der hat ihn gefragt, ob er nicht Arbeit für ihn hat, und der Zwanzig hat ihm gesagt, er kann ihn höchstens als Hungerkünstler engagieren, und wenn er 25 Tage öffentlich hungert, wird er ihm dafür 100 Mark zahlen. Dann hat er den armen Schwublich in einen Glaskasten gesetzt und hat ihn als große Attraktion ausgestellt, für 50 Pfennig Eintrittsgeld. Aber nach fünf Tagen war der Hungerkünstler schon so schwach, daß er dem Theoderich Zwanzig gesagt hat, er hält es nicht mehr aus und er soll ihn rauslassen. Aber der Zwanzig hat ihm geantwortet, jetzt muß er unbedingt durchhalten, und aus besonderem Entgegenkommen wird er ihn in einen größeren Glaskasten setzen, damit er mehr Lebensraum hat. Am nächsten Tag war der Schwublich schon so schwach, daß er nicht mehr hat aufstehen können und er hat wieder den Zwanzig gebeten, er soll ihn rauslassen. Aber der Zwanzig hat ihm geantwortet, er soll ihn nicht aufhalten, er ist in großer Eile, weil ihm sonst das Abendessen zu Hause kalt wird. Und später hat er ihm dann zur inneren Stärkung ein großes Plakat in seinen Käfig hängen lassen, darauf hat gestanden: ›Die Zeit ist auf unserer Seite.‹ Am zwölften Tag hat der Zwanzig gerade seine Einnahmen gezählt, da hat ihn der Schwublich ganz merkwürdig angesehen. So hat der Zwanzig ihm zur Beruhigung noch ein Plakat hineinhängen lassen, darauf hat gestanden: ›Das Schlimmste liegt bereits hinter uns.‹ Aber es muß doch nicht das Richtige gewesen sein, denn der Schwublich hat einen Tobsuchtsanfall bekommen und hat den ganzen Glaskasten zusammengeschlagen.«

Da fragt mich der Ziegenbart: »Hirnschal, was hältst du von Stalingrad?« Aber ehe ich antworten kann, schreit der Hans-Joachim Blitz aufgeregt, wir sollen einmal hinhorchen und wieder mal die Köpfe auf die Erde legen. Da hören wir ein ganz merkwürdiges Schürfen und Scharren, und der Jaschke sagt, es ist links von uns, und der Hans-Joachim Blitz meint, es ist gerade unter uns, und ich sage: »Jetzt geht es bald los. Jetzt kann es ein paar Minuten dauern, oder auch ein paar Stunden, oder auch noch ein, zwei Tage. Ich kenne diese Geräusche. Das ist das Warnungszeichen. Ich kenne das vom letzten Krieg. Jetzt schleppen sie die Sprengstoffkisten in den Minenstollen.« Darauf sitzen wir still und warten, und ich flüstere dem Ziegenbart zu: »Jetzt kann ich dir antworten, was ich von Stalingrad halte: Achtzig Tage rennen wir uns schon die Köpfe dran blutig und wir können's nicht nehmen. Das ist auch so ein Warnungszeichen – genau wie das da unten. Wir wissen, es *wird* losgehen. Wir wissen nur nicht genau *wann*. Und jetzt will ich sehen, ob ich noch meiner Amalia in Zwieselsdorf einen Brief schreiben kann.«

Und in diesem Sinne, mein vielgeliebtes Weib, grüße und küsse ich Dich tausendmal

Dein Dich liebender Adolf
Gefreiter in Rußland

26.

31. Oktober 1942

Teure Amalie, vielgeliebtes Weib!

Teile Dir mit, daß wir für ein paar Tage aus der Hauptkampflinie abgezogen worden sind, und wie wir so zusammensitzen und Briefe schreiben, sagt der Jaschke, jetzt ist es ein Jahr her, daß unser geliebter Führer persönlich den Oberbefehl des Heeres übernommen hat. So sage ich: »Emil«, sage ich, »das Jubiläum müssen wir in würdiger Weise feiern.« Und dann schlage ich vor, daß wir zusammen ins Dampfbad geh'n. Darauf meint der Fritz Ziegenbart, ich bin wohl verrückt geworden, und was ich da von einem Dampfbad zusammenrede. So erklär' ich ihm, in dem Ort, wo wir gerade sind, ist vor ein paar Tagen ein Dampfbad eröffnet worden, und unser geliebter Führer hat an der ganzen Ostfront insgesamt 18 Dampfbäder nach finnischem Muster errichten lassen. Da dreht sich der Jaschke den Schnurrbart und sagt: »Na, dann kommt auf so 300000 Mann gerade ein Dampfbad.« Und ich antwort' ihm, das zeigt eben die Weisheit von unserem geliebten Führer, denn wenn er hätte mehr errichten lassen, dann würde die ganze Front immer im Dampfbad liegen.

So sind wir drei also ins Dampfbad gegangen, aber wir sind heimlich ausgerückt, weil nämlich ein Ausgehverbot erlassen worden ist wegen Guerillagefahr. Die Uniformen und Gewehre haben wir im Vorraum gelassen, und wie wir drin sind, sehen wir, wir sind die einzigen im Dampfbad, wahrscheinlich wegen dem Ausgehverbot. Und richtig, es geht alles ganz finnisch zu: zuerst werden Steinplatten auf einem Feuer erhitzt und dann wird Wasser auf die heißen Steine gegossen und sofort ist der ganze Raum voll Dampf, und der Fritz Ziegenbart liegt behaglich auf einer Bank und ich wundere mich, daß er so klein und dünn aussieht, und auf einer anderen Bank liegt der Jaschke und er hat noch immer einen runden Bauch, trotz dem vielen Marschieren und dem wenig Essen, und auf einmal fragt mich der Fritz Ziegenbart: »Hast du schon gehört, Hirnschal? Nach dem Krieg sollen alle deutschen Kinder den Eltern weggenommen werden.« Und ich beobachte gerade, wie schön mir die Schweißtropfen über die Haut laufen und sage: »Das wundert mich aber sehr, daß die Gestapo damit einverstanden ist. Wer soll denn dann die Eltern bespitzeln, wenn sie die Kinder wegbringen?« Aber der Fritz Ziegenbart gähnt und sagt: »Du hast mich nicht verstanden, Hirnschal. Sie sagen, nach dem Krieg sollen alle Kinder im Alter von zwei bis sechs Jahren nach England gebracht werden. Und sie sollen 25 Jahre lang dort bleiben.« – »So«, sag' ich begeistert, »das ist aber eine wunderschöne Idee von unserem geliebten Führer. Das geschieht den Engländern ganz recht. Ich schätze, das müssen schon ein paar Millionen Kinder sein, die wo sie auf diese Weise in Kost und Quartier nehmen müssen, so fünf Millionen müssen das bestimmt sein, Ziegenbart.« Und der Jaschke dreht sich auf die andere Seite und bemerkt: »Jedes Jahr kommen noch ein paar hunderttausend Fratzen dazu.« Und ich fahre fort: »Da kann man sich ja leicht ausrechnen, was so ein Haufen Kinder die englischen Plutokraten kosten wird. Für das Essen allein werden sie ein schönes Stück Geld hergeben müssen, und so ein richtiges englisches Frühstück kann sich schon sehen lassen, und dann die Kleider aus echt englischen Stoffen, und die Kindermädchen, und der Doktor, und ich weiß nicht was, und dann müssen sie die Kleinen im Sommer doch aufs Land schicken, vielleicht in ein Seebad – also, das gönn' ich den Engländern, da werden sie zahlen müssen, bis sie schwarz sind. Das wird sie bestimmt ein paar hundert Millionen Pfund im Jahr kosten, das ist ärger als jede Kriegsentschädigung.«

In diesem Augenblick kommt ein großer Kerl herein mit einem schwarzen Bart und einem Urwald auf der Brust, und hinter ihm kommen noch sechs andere, alles Riesenkerle, und sie gießen ein paar Eimer Wasser auf die heißen Steinplatten, und dann hocken sie sich auf der anderen Seite nieder. So denke ich mir, das ist eine gute Gelegenheit, nationalsozialistische Propaganda zu machen und so fahre ich mit erhobener Stimme fort: »Wie ich unseren geliebten Führer kenne, hat er diese teuflische Idee selbst ausgedacht, um die Engländer ganz und gar zu ruinieren, und er wird bestimmt auch darauf bestehen, daß die Jungen und Mädel dann in Oxford studieren. Aber das kann ich wetten: die Engländer werden sich mit

Händen und Füßen dagegen wehren, und wir werden sie wirklich schon ganz und gar besiegen müssen, wenn wir ihnen so harte Friedensbedingungen aufzwingen wollen.«

Darauf richtet sich der Fritz Ziegenbart auf und sagt: »Ich weiß nicht, was du da zusammenredest, Hirnschal«, sagt er. Die Engländer wollen das machen, wenn sie uns besiegt haben und nicht, wenn wir sie besiegen, und es ist auch gar nicht eine Strafe für England, sondern eine furchtbare Rache an uns, das hat der Dr. Goebbels ausdrücklich gesagt.« Darauf rege ich mich so auf, daß mir der Schweiß in Strömen herunterrinnt, und ich schrei' ihn an: »Wie kannst du nur so einen Unsinn sagen, Ziegenbart. Das ist vielleicht der großartigste Plan, den wo unser geliebter Führer bisher ersonnen hat. Ich fürchte nur, die Engländer werden lieber bis zum letzten Atemzug kämpfen, als daß sie die lieben Kleinen von unseren SS-Männern und Gestapo-Leuten zu sich ins Haus nehmen.«

Und während wir noch so streiten, steigt der Jaschke auf einmal von seiner Bank herunter und kriecht zu mir herüber und flüstert ganz aufgeregt: »Hirnschal, die Kerle da drüben kommen mir verdächtig vor.« Und da merke ich auch, daß da was nicht stimmt, denn die sieben murmeln etwas in einer fremden Sprache und starren immer zu uns herüber. Plötzlich sagt der Ziegenbart leise: »Hirnschal, das sind russische Guerillas. Und wir haben unsere Gewehre draußen.« Im nächsten Augenblick springt einer von den Kerlen auf, aber da ist der Jaschke auch schon bei den Eimern und leert einen auf die heißen Steine aus, so daß alles voll Dampf ist, und wir stürzen zur Tür, aber ich stolpere über etwas, und es gibt ein furchtbares Gebrüll und Durcheinander in dem weißen Dampf, und der Ziegenbart setzt sich dabei auf eine heiße Steinplatte, daß es nur so zischt und raucht. Aber schließlich sind wir doch bei der Türe hinaus, und nackt wie wir sind, laufen wir zu unserem Quartier, und es ist ein wahres Wunder, daß wir uns keine Lungenentzündung geholt haben.

Dem Oberleutnant Krickwitz aber haben wir gemeldet, daß wir auf einem Dienstweg von Guerillas überfallen und ausgeplündert worden sind. Da fängt der Oberleutnant Krickwitz an zu fluchen und toben und sagt: »Das wird ja immer schlimmer! Vor ein paar Minuten habe ich eben Meldung erhalten, daß sieben von unseren italienischen Bundesgenossen im Dampfbad von drei Guerillas überfallen worden sind.«

So, meine geliebte Amalia, haben wir heute das Jubiläum unseres geliebten Führers gefeiert, und in diesem Sinne grüßt Dich

Dein Dich liebender Adolf
Gefreiter in Rußland

27.

14. November 1942

Teure Amalia, vielgeliebtes Weib!

Teile Dir mit, daß die Russen zwei Tage lang gegen uns Sturm gelaufen sind und vor unseren Gräben liegen die Leichen in Haufen und der Natoschek ist tot und der lange Katting hat einen Bauchschuß und es war ein wahres Wunder, daß sie uns heute das Essen und die Post nach vorne gebracht haben, und so sitzen wir im Bunker und lesen unsere Briefe und Zeitungen und kratzen uns den Dreck von den Uniformen. Wir haben zwei Neue bei uns, die wo erst 18 Jahre alt sind, und die stehen in einer Ecke und kotzen, und der Hans-Joachim Blitz sagt, sie werden uns noch den ganzen Salon versauen, und sie sollen lieber in unser Braunes Haus gehen, so nennen wir nämlich unsere Latrine. Und der Fritz Ziegenbart sitzt in einer anderen Ecke und liest einen Brief, und auf einmal winkt er mich zu sich herüber und flüstert mir aufgeregt zu: »Sie hat gestanden, Hirnschal.« Und wie ich nicht verstehe, was er meint, sagt er ungeduldig: »Meine Frau hat gestanden, Hirnschal. Du weißt, die Sache mit dem Oberkreismilchprüfungsausschuß. Sie schreibt, sie ist leider vom Pfad der Tugend abgewichen.« – »Mit dem Oberkreismilchprüfungsausschuß?« frag' ich. Und er antwortet: »Ja, Hirnschal, und sie schreibt, sie will zur Erholung zu ihrer Tante nach Ostpreußen fahren. Sie bittet mich kniefällig um Verzeihung für ihre Verfehlung. Aber es ist ausgeschlossen, Hirnschal. Es gibt Dinge, die man niemals entschuldigen kann. Niemals.« Und dann dreht er sich gegen die Wand zu, und ich gehe zurück und setze mich auf die Bank neben den Jaschke, der wo die Zeitung liest.

»Hirnschal«, sagt der Jaschke, »die Engländer und Amerikaner sind in Nordafrika gelandet.« Und der Jaschke fragt ganz aufgeregt: »Aber wie war denn das nur möglich, Hirnschal? Wo doch der Führer angeblich alles von vornherein einkalkuliert hat!« So erklär' ich ihm: »Weißt du, Emil, wie ich das gehört habe von Afrika, da ist mir ein gewisser Dagobert Streckfuß eingefallen, der wo die Kassiererin des Freiwilligen Feuerbestattungsvereins ›Vergißmeinnicht‹ in Zwieselsdorf am hellichten Tag überfallen und 536 RM. 60 Pfg. geraubt hat. Die Polizei hat ihn noch am selben Abend in einem Haus in der Nachbarschaft aufgespürt, und weil er nicht herausgekommen ist, haben sie zwanzig Mann Verstärkung herbeigeholt und haben das Haus belagert. Aber der Dagobert Streckfuß hat die Eingangstür mit einem schweren Kleiderschrank verbarrikadiert und die Fenster mit Kommoden, Tischen und einem Vertiko vermacht, und dann hat er mit einem Gewehr einmal aus dem Schlafzimmerfenster und dann aus dem Abortfenster geschossen und hat geschrieen, sie sollen nur versuchen und ihn angreifen, wo er steht, da kommt kein anderer hin und seine Festung ist uneinnehmbar.« Darauf sieht mich der Jaschke gespannt an und fragt: »Na, haben sie ihn erwischt?« Und ich antworte: »Sie haben ihn erwischt, Emil. Er hat nämlich vergessen, die Hintertür abzusperren.«

Und die ganze Zeit, während ich das erzähle, bemerke ich, daß der Waldemar Bohmann ganz still dasitzt. Dieser Bohmann hat einmal in Köln einen Krämerladen gehabt, und jetzt sitzt er da und starrt vor sich hin, und so frag' ich ihn schließlich, ob ihm schlecht ist, aber er antwortet gar nicht, und da seh' ich erst, er hat in seiner Hand eine Photographie von seiner Frau und von seinem Jungen. »Hirnschal«, sagt er endlich, »jetzt habe ich schon vier Monate lang keinen Brief von daheim bekommen.« Und dann fängt er zu schlucken an und sagt ganz leise: »Und heute ist mein Geburtstag, Hirnschal.« Aber ehe ich was sagen kann, schreit der Oberleutnant Krickwitz in den Bunker: »Zwei Freiwillige vor! Ein Verwundeter liegt vor dem Graben!« So kriechen wir hinaus, der Fritz Ziegenbart und ich, und es sind nur zehn Meter, aber die Russen beschießen uns wie wahnsinnig, und wir drücken uns in ein Granatloch, und der Fritz Ziegenbart liegt ganz eng bei mir, und auf einmal schreit er mir ins Ohr: »Hirnschal, ich werd' es doch tun.« Und ich schrei' zurück: »Was, Ziegenbart?« Und er brüllt: »Ich werde meiner Frau verzeihen, Hirnschal.« Und nach einer Weile können wir wieder weiterkriechen, und wie wir zu ihm kommen, sehen wir, es ist ein Meldegänger, der wo neu ist und sich beinahe verlaufen hat, und er hat einen Schenkelschuß. Aber wir bringen ihn doch glücklich herein, und in der Tasche hat er eine Meldung für den Oberleutnant Krickwitz und zwei Briefe. Der eine Brief ist für den Natoschek, aber der Natoschek ist tot, und der andere Brief ist für den Waldemar Bohmann. Und der Bohmann zittert am ganzen Körper, wie er den Brief nimmt und er setzt sich unter die Laterne, und wir sind alle ganz still und freuen uns, und nur die zwei Neuen fangen wieder zu kotzen an.

Aber auf einmal blickt der Bohmann wütend von dem Brief auf und der Jaschke fragt ihn, ob etwas bei ihm zu Hause nicht in Ordnung ist, und der Bohmann sagt ganz heiser, der Brief ist nicht von seiner Frau, und er gibt ihn dem Jaschke und der liest vor:

»Lieber Pg. Bohmann! Ich hoffe, daß Du Dich noch an mich erinnerst, und ich habe ein dringendes Anliegen an Dich. Ich suche nämlich eine profitable Stellung im Ostraum und zwar sehr dringend, denn ich habe im ›Völkischen Beobachter‹ gelesen, die Steppe, die wo der tapfere deutsche Soldat für uns erobert hat, wird jetzt ein Paradies der Fruchtbarkeit, und ich bin leider ein wenig ins Hintertreffen geraten, denn alle meine Kameraden von der SS haben schon ganz gut abgeschnitten, und ich möchte mich jetzt auch ein wenig an den Fettnapf setzen, wie es unser verehrter Dr. Goebbels ausgedrückt hat. Und weil Du nun mal an Ort und Stelle bist, bitte sieh Dich in Eurer Gegend um, ich bin gerne bereit, führende Stellung in neuem Unternehmen zu akzeptieren und größere Kapitalsumme (RM. 30 – 50000) zu investieren. Voraussetzung Monatsgehalt von mindestens RM. 2000.–. Hoffe bald von Dir zu hören. Zu Gegendiensten gern bereit. Heil Hitler! Referenzen zur Verfügung,

Dein Horst Alarich Pinsel
SS-Sturmbannführer.«

Wie der Jaschke das vorgelesen hat, sitzen wir ganz erschlagen da, nur die zwei Neuen kotzen noch stärker als früher. Dann sage ich zum Waldemar Bohmann: »Bohmann«, sage ich, »das ist ein sehr schöner Brief, und ich glaube, du solltest ihn dir sehr gut aufheben. Vielleicht kommst du mal glücklich nach Hause und vielleicht findest du deine Familie wohlbehalten daheim. Und vielleicht wächst dein Sohn glücklich auf und vielleicht wird auch er in fünfzehn oder zwanzig Jahren ›Heil!‹ und ›Hurra!‹ schreien und in den Krieg ziehen wollen für die ideellen Werte des Vaterlandes, von denen jetzt unser über alles geliebter Propagandaminister gesprochen hat. Dann zeige ihm diesen Brief, Bohmann; zeig' ihn deinem Jungen, und es werden ihm dann vielleicht die Augen aufgehen, was diese ideellen Werte in Wirklichkeit sind.«

Und in diesem Sinne, mein vielgeliebtes Weib, grüßt und küßt dich tausendmal

Dein Dich liebender Adolf
Gefreiter in Rußland

28.

8. Januar 1943

Teure Amalia, vielgeliebtes Weib!

Vielen Dank für die Pulswärmer, die wo Du mir geschickt hast, und sie haben mich mit großer Verspätung erreicht, weil wir nämlich unterdessen eine sogenannte elastische Verteidigung durchgeführt haben. Diese elastische Verteidigung besteht darin, daß wir mit höchster Geschwindigkeit in der umgekehrten Richtung zurücklaufen als wir seinerzeit vorwärtsmarschiert sind. Jetzt sitzen wir in einer Bauernkate und draußen im Schnee stecken die Laster, die wo auf dem Weg nach hinten sind, und daneben stecken die Laster, die wo auf dem Weg nach vorne sind, weil nämlich einige Truppeneinheiten noch nicht wissen, daß bei uns die elastische Verteidigung ausgebrochen ist und kein Mensch weiß, was größer ist: der Dreck oder das Durcheinander. So sitzen wir also in der Kate und schreiben Briefe, und der Hans-Joachim Blitz säubert gerade sein Eisernes Kreuz, das wo ihm in die Bohnensuppe gefallen ist, und der Jaschke näht sich gerade einen bolschewistischen Flanell-Unterrock in seinen Mantel hinein – da geht die Tür auf und herein kommt ein Kerl, den wo ich gerade durchs Fenster gesehen habe, wie er mit einem Koffer von einem Laster geklettert ist. Dieser Bursche geht ganz schneidig auf uns zu und sagt: »Gestatten, daß ich mich vorstelle – Professor Alberich Merlini« und dabei nimmt er dem Hans-Joachim Blitz das EK. 1 aus der Hand, sagt »Hokuspokus, Heil Hitler!« und zieht das Eiserne Kreuz dem Fritz Ziegenbart aus der Nase. Dann überreicht er dem Jaschke einen »Völkischen Beobachter« und ersucht ihn, er soll vorlesen, was rot angestrichen ist, und der Jaschke liest:

> »Zauberer an die Front! Im Rahmen der Wehrmachtsbetreuung sind jetzt auch Zauberer nach dem Osten gefahren. Die Angehörigen des magischen Zirkels werden an der Ostfront Tausenden von Soldaten frohe Stunden bereiten.«

So begrüße ich ihn und sage: »Das ist aber sehr schön, daß das Propagandaministerium auf die Schwarzkünstler verzichtet hat, damit sie uns jetzt an der Front aus dem Dreck ziehen, und besonders hat es mich gefreut, wie ich vor ein paar Tagen in der Zeitung gelesen habe, daß der Reichsgesundheitsführer Dr. Conti jetzt eine Hauptstelle für nationalsozialistischen Okkultismus geschaffen hat, denn es ist höchste Zeit, daß unser geliebter Führer auch in der Geisterwelt Ordnung macht, die wo ihm bereits einen so großen Bevölkerungszuwachs zu verdanken hat.«

Dann fragt uns der Professor Alberich Merlini, was wir denn gerne sehen möchten, und der Jaschke sagt, er möchte sehen, was uns das neue Jahr noch alles bringen wird. Darauf zieht der Professor einen Rahmen aus dem Koffer, der wo in ein schwarzes Tuch eingewickelt ist, schlägt mit seinem Zauberstab drauf und ruft »Hokuspokus, Heil Hitler!« und sagt: »Jetzt, meine Herrschaften, jetzt sehen Sie, was das Jahr 1943 dem deutschen Volk bringen wird.« Und dann zieht er das Tuch von dem Rahmen. Zuerst sehen wir nichts als Dunst und Nebel, aber dann wischt der Zauberer das Glas ab, und dann sehen wir eine große Fläche und Schnee und Schnee und darin stecken Panzer und Wagen, und deutsche Soldaten stampfen müde vorüber und haben die Köpfe in Tücher eingebunden und die Füße mit Lappen eingewickelt, und andere tragen den Arm in einem blutigen Verband, und dahinter stehen Kreuze im Schnee und wieder Kreuze und Kreuze. Da ruft der Hans-Joachim Blitz: »Zum Teufel, das ist ja nur ein Spiegel!«, und da entdeck' ich erst, daß sich in dem Glas nur das spiegelt, was wir selbst durch das Fenster sehen können. Da entschuldigt sich der Professor Merlini ganz aufgeregt und sagt, er muß den magischen Spiegel verwechselt haben und an allem ist nur die Kälte schuld, und ob er uns was anderes vorführen darf. Dann setzt er sich einen schwarzen Zylinderhut auf, spuckt in die Hände und sagt: »Hokuspokus, Heil Hitler!« und wie er den Zylinder herunternimmt, fliegen zwei weiße Tauben heraus und wir applaudieren und die Tauben flattern in der ganzen Stube herum, und der Zauberkünstler sagt, das ist seine beste Nummer, und er erklärt, die eine Taube hat er »Baku« getauft, weil wir den Krieg gewonnen haben werden, wenn wir erst einmal die Ölfelder von Baku erobern, und die andere Taube hat er »Stalingrad« genannt, weil er sie am 30. September bekommen hat, gerade an dem Tag, wo unser geliebter Führer erklärt hat: »Wir berennen Stalingrad und werden es auch nehmen, worauf Sie sich verlassen können.« In diesem Augenblick geht die Tür auf und herein kommt der Oberleutnant Krickwitz, und ehe der Zauberer noch »Hokuspokus« sagen kann, sind die beiden Tauben schon bei der Tür hinaus, und der Professor Merlini schreit: »Du lieber Himmel, ich bin ruiniert!« und läuft hinter den Tauben her, und wir sehen, wie er zickzack durch den Schnee läuft, einmal will er die eine Taube fangen und dann die andere, und einmal schreit er »Stalingrad! Stalingrad!« und dann wieder ruft er »Baku! Baku!«, und weil er beide fangen will, bekommt er keine, und er läuft immer weiter über die Felder und jammert »Stalingrad! Baku!« Und ehe wir noch wissen, was eigentlich los ist, hören wir Maschinengewehre knattern, und der Oberleutnant Krickwitz schreit: »Russischer Überfall!«, und wir rennen zu unseren Gewehren, und das letzte, was wir von unserem Zauberer sehen, ist, daß ihn ein russischer Soldat gefangennimmt.

Und die beiden weißen Tauben seh' ich in der Ferne verschwinden, aber sie sind nur noch wie Flecken im Schnee oder wie weiße Wolken.

Und in diesem Sinne, mein vielgeliebtes Weib, grüße und küsse ich Dich tausendmal,

Dein Dich liebender Adolf
Gefreiter in Rußland

29.

19. April 1943

Teure Amalia, vielgeliebtes Weib!

Teile Dir mit, daß es heute bei uns große Aufregung gegeben hat, und alles wegen dem Geburtstag von unserem geliebten Führer, und ich werde Dir erklären wieso.

Wir haben jetzt einen Grenadier, der wo Josef Kyselak heißt, und dieser Kyselak ist in Braunau am Inn geborgen, genau so wie unser geliebter Führer; und darum hat ihn gestern der Oberleutnant Krickwitz aufgefordert, er soll am Führer-Geburtstag eine Rede halten über das Thema: »Wo des Führers Wiege stand.« Aber der Kyselak ist ganz verwirrt geworden und hat sich gedreht und gewunden, bis ihn zum Schluß der Oberleutnant Krickwitz angebrüllt hat: er verdient es nicht, in Braunau geboren zu sein, und er wird selbst die Rede halten. Und heute sehe ich, wie der Josef Kyselak ganz niedergeschlagen dasitzt und in seinem Hemd Läuse sucht. Da frage ich ihn, ob ihm was fehlt, und der Kyselak schluchzt und seufzt und sagt: »Hirnschal, mir kann kein Mensch mehr helfen.« So rede ich ihm freundlich zu, und zum Schluß sagt er ganz aufgeregt: »Hirnschal«, sagt er, »ich bin ganz wer anderer, als man glaubt. Ich bin bei meiner Geburt verwechselt worden.« Und dann erzählt er mir, daß gleichzeitig mit ihm im selben Raum ein anderer Junge geboren worden ist, und zur Unterscheidung hat die Hebamme um den rechten Fuß von dem einen Kind ein abgerissenes Schürzenband gebunden und um den linken Fuß von dem anderen eine rosa Haarschleife, aber in der Aufregung hat sie daran vergessen, welches welcher war, und eines von den beiden Kindern war er selbst, aber er weiß nicht welches. Und von der ganzen Sache hat damals kein Mensch etwas gewußt, weil die Hebamme das alles erst zehn Jahre später auf dem Totenbett gestanden hat. Und ob ich mir vorstellen kann, was für ein entsetzliches Gefühl das ist, wenn man mit einem anderen verwechselt ist, und wenn man genau weiß, daß man eigentlich ganz wer anderer ist, und daß, wenn man »Heil Hitler!« sagt, man es gar nicht selbst sagt, sondern ganz wer anderer, und wenn man so dasitzt und Läuse sucht, man sie in einem Hemd sucht, das einem gar nicht gehört, und daß gleichzeitig irgendwo ein Mensch herumläuft, der wo eigentlich man selber ist, und daß man die Verantwortung tragen muß für etwas, was ein anderer macht, weil genaugenommen der andere man selber ist. Darauf sage ich ihm, er soll aufhören, weil mir ganz schwindlig wird. Und dann frage ich ihn, ob er denn keinen Verdacht hat, mit wem er verwechselt worden ist. Darauf wird er noch blasser und sagt, das einzige, was er weiß, ist, daß er am selben Tag in Braunau geboren ist wie unser geliebter Führer. Wie ich das höre, springe ich auf vor Schrecken, aber er packt mich bei der Hand und fleht mich an, ich soll ihn nicht verraten, weil er ohnedies vom Schicksal so schwer geschlagen ist, und oft kann er die ganze Nacht nicht schlafen, weil er sich für alles verantwortlich fühlt, was unser geliebter Führer gemacht hat. Und dann erzählt er mir, daß er in der Nacht oft Stimmen hört, und ich frage ihn, was für Stimmen das sind. So sagt er, er hört manchmal nachts eine Stimme, die wo sagt: »Ich habe jede Möglichkeit von vornherein einkalkuliert.« Oder: »Wir werden ihre Städte ausradieren.« Dann wieder sagt die Stimme: »Wir berennen Stalingrad und werden es auch nehmen, worauf Sie sich verlassen können.« Und dann zehnmal hintereinander: »Dieser Gegner ist bereits gebrochen ...«.

Darauf such' ich ihn zu beruhigen und sage: »Aber Unsinn, Kyselak, kein Mensch kann dir vorwerfen, was unser geliebter Führer gemacht hat.« Und der Kyselak wischt sich den Angstschweiß von der Stirn und stöhnt: »Aber ich bin doch mit ihm verwechselt, Hirnschal. Manchmal habe ich schreckliche Träume. Da sehe ich Millionen Frauen, die wo schreien: ›Mörder!‹ oder tausende Tote im Konzentrationslager, die wo den Hitlergruß erweisen und schreien: ›Heil Kyselak! Mörder! Mörder!‹ Bin ich das, Hirnschal? Oder ist es der andere? Manchmal glaube ich, ich bin verrückt. Oder ist es der andere?«

Und dann fängt der Kyselak wieder zu schluchzen an. Zwei Stunden später sagt der Fritz Ziegenbart zu mir: »Hast du schon gehört, Hirnschal? Der Kyselak hat den Verstand verloren. Der aus Braunau.« Darauf wisch' ich mir den Dreck aus dem Gesicht und sage: »Ziegenbart, wenn es noch lang so weitergeht, werden wir alle verrückt.«

Und in diesem Sinne, mein vielgeliebtes Weib, grüßt und küßt Dich tausendmal

Dein Dich liebender Adolf
Gefreiter in Rußland

30.

31. Mai 1943

Teure Amalia, vielgeliebtes Weib!

Teile Dir mit, daß es bei uns momentan ganz ruhig ist, aber die Fliegen machen uns ganz nervös, und wie wir heute in unserer Hütte beim Mittagessen sitzen, fischt der Fritz Ziegenbart drei Fliegen aus seiner Suppe und sieht sie nachdenklich an und dann sagt er: »Zu Hause haben sie die Fleischration herabgesetzt«, sagt er. So sehe ich ihn scharf an und sage: »Ziegenbart«, sage ich, »du wirst sehr große Unannehmlichkeiten haben, wenn du solche falsche Gerüchte verbreitest. Die Fleischration ist erst im Herbst um 50 Gramm heraufgesetzt worden.« Darauf spuckt der Fritz Ziegenbart aus und sagt: »Das schon, aber jetzt ist sie um 100 Gramm herabgesetzt worden.« Und dann fischt er noch eine Fliege aus der Suppe. Darauf werde ich ganz wütend und sage: »Das ist niederträchtige Feindpropaganda, Ziegenbart, und an deiner Stelle würde ich mich schämen, solche gemeine Lügen auszustreuen. Unser geliebter Reichsmarschall Hermann Göring hat doch im Oktober ausdrücklich gesagt, das Schwerste in der Ernährung ist überwunden und von jetzt an wird es dauernd besser werden. Und dann hat unser geliebter Reichsmarschall wörtlich hinzugefügt: ›Ich würde es für ein Verbrechen halten, dem deutschen Volk heute etwas in Aussicht zu stellen, von dem ich nicht sicher weiß, daß ich es einhalten kann.‹ Das hat unser Reichsmarschall gesagt. Und willst du vielleicht behaupten, daß unser geliebter Reichsmarschall ein Lügner und ein Verbrecher ist?« Darauf kratzt sich der Fritz Ziegenbart am Schädel und sagt: »Der Göring hat auch erklärt, keine einzige Bombe wird auf das Ruhrgebiet fallen.« Und bevor ich ihm noch antworten kann, sagt der Jaschke: »Es ist alles im Rundfunk gewesen«, sagt er. »Ein gewisser Dr. Riecke hat da ausdrücklich gesagt: ›Mensch und Schwein essen aus demselben Topf. Was der eine mehr erhält, muß dem anderen entzogen werden.‹ Darauf werfe ich ihm einen verwunderten Blick zu und sage: »Das habe ich mir immer gedacht, an allem sind die Schweine schuld, die wo an der Futterkrippe stehen. Und wenn die Schweine der Ansicht sind, daß das deutsche Volk zuviel ißt, dann müssen eben die Rationen gekürzt werden. Was die Schweine mehr erhalten, muß den anderen entzogen werden. Aber dafür können doch nur die Schweine etwas, die wo auf unsere Kosten fett werden, aber unser geliebter Reichsmarschall, der darf dafür nicht zur Verantwortung gezogen werden.«

Auf einmal sagt der Damian, der wo aus Köln ist, und der wo die ganze Zeit still dagesessen ist, auf einmal sagt er: »Jetzt haben sie wieder die Rationen herabgesetzt. Die Städte werden uns zusammengeschlagen, eine nach der anderen. Die Geschäfte haben sie uns weggenommen. Die Frauen stecken sie in Munitionsfabriken. Die Kinder stellen sie an die Flakgeschütze. Und wir – wir sind da draußen und können nicht zupacken. Mit keinem Finger können wir ihnen helfen, unseren Frauen und unseren Kindern. Es ist ein Verbrechen! Ich sage, es ist ein Verbrechen!« Darauf ist es ganz still in der Hütte, und wir hören die Fliegen summen, die wo auf dem Fliegenpapier kleben, das wo von dem Bild von unserem geliebten Führer herunterhängt. So sage ich zum Damian: »Lass' nur, Damian, lass' nur. Da kann man nichts machen, Damian. Sieh dir mal die Fliegen da an auf dem Fliegenpapier. Genau so sind auch wir daran. Wir kleben hier in Rußland, und wir können nicht fort, so gerne wir auch möchten. Und andere wieder, die kleben auf einem anderen Stück Fliegenpapier: am Atlantikwall oder in Norwegen oder am Balkan. Aber wir haben einen Trost, Damian – genau so wie die Fliegen, die da vor uns krepieren: wir haben das Bild unseres geliebten Führers vor Augen, auf dem wo die Worte stehen: ›Führer befiehl, wir folgen‹!«

Und in diesem Sinne, mein vielgeliebtes Weib, bitte ich Dich, schreibe mir postwendend, ob die Fleischration wirklich herabgesetzt worden ist, und ich grüße und küsse Dich tausendmal,

Dein Dich liebender Adolf
Gefreiter in Rußland

31.

14. Juni 1943

Teure Amalia, vielgeliebtes Weib!

Teile Dir mit, daß wir alle ganz zerschlagen sind und ich habe drei große Wasserblasen auf den Fersen und ich werde Dir erklären wieso.

Also gestern sind wir auf Patrouille gegangen, der Leutnant Krickwitz und sechs Mann, und auf einmal sagt der Hans-Joachim Blitz, er glaubt wir gehen den falschen Weg. Aber der Leutnant Krickwitz brüllt ihn an, er soll sich nicht in seine Führung einmischen und ob er vielleicht nicht weiß, was das »Führerprinzip« ist. So sind wir immer weiter marschiert, aber nach acht Stunden geraten wir in einen Sumpf und dann müssen wir uns quer durch einen Wald durchschlagen und der Fritz Ziegenbart ächzt und stöhnt neben mir und sagt: »Hirnschal, wie lange wird das noch so weiter gehen?« Und ich frage: »Der Sumpf, Ziegenbart?« Aber er antwortet: »Alles, Hirnschal. Das Marschieren und der Dreck und das Elend, der ganze Krieg.« – So sage ich: »Bis zum Endsieg, Ziegenbart, bis zum Endsieg.« Da bleibt er stehen und sagt: »Das haben sie das letzte Mal auch gesagt, Hirnschal.« Aber da hab ich ihn aufgeklärt: »Erinnerst du dich an die Worte unseres geliebten Propagandaministers Dr. Goebbels in seiner letzten Rede: ›Wir haben den Weltkrieg vor allem verloren, weil uns eine große führende Persönlichkeit fehlte. Wir werden diesen Krieg gewinnen, weil diese führende Persönlichkeit diesmal da ist.‹« – Darauf spuckt der Fritz Ziegenbart aus und sagt: »Bis jetzt hat er uns nur in den Dreck geführt.« Und bevor ich ihm noch antworten kann, sinkt auf einmal der Leutnant Krickwitz, der wo vor uns geht, bis zu den Hüften im Sumpf ein und wir können ihn nur mit großer Mühe herausziehen. Und wie wir wieder weitergehen, spuckt der Fritz Ziegenbart nochmals aus und sagt wieder: »Bis jetzt hat er uns nur in den Dreck geführt.« So sage ich: »Man soll nicht ungerecht sein, Ziegenbart, unser geliebter Führer hat uns zuerst in den Krieg geführt. Und weil er der größte Staatsmann ist, der wo je gelebt hat, hat er sich nicht mit dem Krieg gegen England begnügt, sondern hat auch noch Rußland und Amerika den Krieg erklärt. Dann hat er uns auch nach Stalingrad geführt. Er hat uns nach Afrika geführt. Und er hat den totalen Luftkrieg erfunden. Darum haben wir unbegrenztes Vertrauen zu unserem geliebten Führer, weil er, wie Dr. Goebbels sagt, eine große ›führende‹ Persönlichkeit ist.« Aber der Fritz Ziegenbart schüttelt nur den Kopf und zeigt auf den Morast, durch den wo wir uns mühsam weiterschleppen, und sagt nochmals: »In den Dreck hat er uns geführt, Hirnschal.« So sage ich: »Wart' nur, Ziegenbart, was nach dem Dreck kommt.« Da bemerken wir, wie der Leutnant Krickwitz auf einmal stehen bleibt, und wie wir herankommen, sehen wir drei alte Grabsteine, und auf dem ersten steht: »Unteroffizier Friedrich Schulze, gefallen für Gott, Kaiser und Vaterland, am 14. Juni 1918.«

Da kratzt sich der Jaschke am Schädel und sagt: »Das hab' ich gar nicht gewußt, daß wir damals so weit gekommen sind, im Jahr 1918.« Und ich erkläre ihm: »Damals haben wir die ganze Ukraine gehabt und Rostow gehabt und Batuma gehabt und wir haben die ganze Türkei gehabt und wir sind am Persischen Meerbusen gestanden. Wir haben einen ganz wunderbaren Lebensraum gehabt, Jaschke.«

Aber der Fritz Ziegenbart starrt nur auf den Grabstein des Unteroffiziers Friedrich Schulze und hört nicht zu. Dann nickt er traurig mit dem Kopf und sagt: »Also das kommt nach dem Dreck, Hirnschal. Dahin führt er uns.« Und dann zeigt er mit der Hand auf den Grabstein, auf die Zahl 1918.

Und in diesem Sinn, mein vielgeliebtes Weib, grüße und küsse ich Dich tausendmal

Dein Dich liebender Adolf
Gefreiter in Rußland

32.

20. September 1943

Teure Amalia, vielgeliebtes Weib!

Ich hoffe, Du warst nicht beunruhigt, weil ich Dir so lange nicht geschrieben habe und teile Dir mit, ich bin in einem Militärlazarett mit einem Kopfschuß, und der Jaschke, der wo auch einen Kopfschuß hat, liegt mit mir zusammen im selben Bett, denn wir sind hier alle zu zweit und dritt in jedem Bett wegen Überfüllung, und heute habe ich fast Streit mit dem Jaschke gehabt und ich werde Dir erklären wieso.

Also, wie ich aufwache, merke ich, der Oberstabsarzt Dr. Zwecke steht vor unserem Bett, und er sagt zu jemandem: »Das ist der interessanteste Fall, den wo wir jetzt haben. Dieser Mann da hat vor drei Monaten bei den Kämpfen von Kursk einen Kopfschuß abbekommen und sein Geist ist dabei fixiert worden. Spätere Eindrücke hat er einfach nicht mehr aufgenommen.« Nachdem er das gesagt hat, geht er weiter, und ich gebe dem Jaschke einen Stoß: »Hast du das gehört, Emil?« Und der Jaschke antwortet: »Reg' dich nicht auf, Hirnschal, du wirst schon wieder gesund werden.« Ich aber sag' zu ihm: »Was hat er damit gemeint, Emil, daß dein Geist fixiert worden ist?« Darauf setzt sich der Jaschke auf und sagt: »Hirnschal«, sagt er, »er hat von dir gesprochen und nicht von mir.« Da denke ich mir, der arme Jaschke ist verrückt, es ist besser, ich widerspreche ihm nicht. So seh' ich beim Fenster hinaus und sage: »Eigentlich eine ganz schöne Stadt, dieses Moskau.« Darauf sagt der Jaschke vorsichtig: »Wir sind hier nicht in Moskau, Hirnschal. Wir sind in Warschau.« Da denke ich mir: Schade um den Jaschke, aber ich muß ihn auf den richtigen Weg bringen, und so sage ich: »Emil«, sage ich, »ich will dich nicht aufregen, aber erinnerst du dich, was der Oberleutnant Krickwitz gesagt hat, wie er die Rede in Bjelgorod gehalten hat? ›Der Führer hat befohlen, daß wir Kursk erobern. Unsere Offensive beginnt, und noch in diesem Sommer wird Moskau genommen werden!‹ Das hat der Leutnant Krickwitz gesagt, Jaschke. Verstehst du jetzt, wieso wir in Moskau sind?« Darauf sieht mich der Jaschke an und sagt: »Wir haben Moskau nicht erobert, Hirnschal«, sagt er, »und Kursk auch nicht. Und in Bjelgorod sitzen wieder die Russen. Und in Orel sind sie und das Donezbecken haben sie auch und Charkow auch und Briansk auch. Aber deshalb brauchst du dich nicht aufzuregen, Hirnschal.« Da werfe ich dem Jaschke einen mitleidigen Blick zu und denke mir, es ist vielleicht ganz gut, wenn ich das Gesprächsthema wechsle und sage: »Jetzt sieht man erst, was für militärische Idioten diese Engländer sind«, sage ich. »Jetzt haben sie glücklich Tunis, aber was sollen sie nun anfangen? Vielleicht in Sizilien landen? Ist ja lächerlich. Sollen sie's nur versuchen.« Da unterbricht mich der Jaschke und sagt: »Die Engländer und Amerikaner sind schon in Sizilien, Hirnschal, und in Italien sind sie auch ...« Da wird mir aber ganz angst und bange um den Jaschke und ich nehme ihn bei der Hand und sage: »Emil, überlege dir doch nur einen Augenblick. Glaubst du, daß die italienische Flotte ...« Aber er unterbricht mich wieder und sagt: »Die italienische Flotte, Hirnschal, haben sie auch schon. Die ist in Malta und Alexandrien. Italien hat bedingungslos kapituliert.« Da überlege ich, ob ich nicht die Schwester rufen soll, und während ich noch überlege, blicke ich beim Fenster hinaus, und da sehe ich, wie eine Gruppe Frauen und Kinder und alte Leute kommt, mit Koffern und Bündeln und Kinderwagen, und ein paar SS-Männer geben ihnen Befehle. So sage ich zum Jaschke: »Emil«, sage ich, »das müssen Juden sein. Zuerst hat man sie von Haus und Hof vertrieben und in die Ghettos gejagt. Jetzt verjagt man sie wieder aus den Ghettos.« Darauf sagt der Jaschke: »Das sind nicht Juden, Hirnschal, das sind Flüchtlinge aus Hamburg, die werden jetzt hier in den Judenvierteln einquartiert. Zuerst haben sie die Juden in die Ghettos gejagt. Jetzt jagen sie die Deutschen in die Ghettos.« Darauf halte ich es nicht mehr aus und fange zu schreien an: »Jaschke«, schrei' ich, »jetzt weiß ich nicht mehr: bist du verrückt oder bin ich verrückt ...«

Und in diesem Sinne, mein vielgeliebtes Weib, grüßt und küßt Dich

Dein Dich liebender Adolf
Gefreiter, verwundet im Lazarett

33.

4. Oktober 1943

Teure Amalia, vielgeliebtes Weib!

Habe seit drei Wochen keinen Brief von Dir erhalten und hoffe, daß Du wohlauf bist, und ich bin noch immer in Warschau im Lazarett, zusammen mit dem Jaschke, und es geht uns schon viel besser, und ich lese gerade in der Zeitung, der Himmler hat verboten, daß Polizeipferde »Adolf« genannt werden, und der Jaschke fragt warum?, da kommt die Schwester Kunigunde ganz rot und aufgeregt in den Saal. Und wie ich sie frage, was denn los ist, da erklärt sie mir, es gibt große Inspektion, weil nämlich eine Anzeige gemacht worden ist, daß unser Lazarett voll von Simulanten ist, und wenn wir nicht aufpassen, werden wir alle wieder an die Front geschickt. Gleich darauf kommt der Herr Oberstabsarzt Dr. Zwecke in den Saal und mit ihm ein SS-Sturmbannführer und drei andere Offiziere und sie gehen von Bett zu Bett und wie sie zu mir kommen, sehe ich, der Oberstabsarzt Dr. Zwecke ist ganz weiß vor Aufregung. Der SS-Sturmbannführer sieht mich scharf an und brüllt: »Simulant!« Darauf flüstert der Dr. Zwecke: »Kopfschuß, Sturmbannführer. Der Mann ist ganz wirr im Kopf.« So sieht mich der Sturmbannführer nochmals durchdringend an und dann fragt er ganz langsam: »Wieviel ... ist ... zwei ... und ... zwei?« Darauf richte ich mich auf und antworte: »Sprechen Sie von der schmählichen Systemzeit, Sturmbannführer, oder von den glorreichen Jahren seit der Machtergreifung unseres geliebten Führers?« Da bekommt er einen roten Kopf und fragt: »Wie meinen Sie das, zum Teufel?« Darauf lächle ich ihn freundlich an und sage: »Sturmbannführer, in der Systemzeit hätte man mit großer Sicherheit antworten können: Zwei und zwei ist vier! Heute aber hängt alles von den Umständen ab. Da habe ich zum Beispiel von einem Volksgenossen gehört, dem wo wegen Unterwühlung des Kampfgeistes der Nation durch Verbreitung staatsfeindlicher Gerüchte als Volksschädling im Namen des ganzen deutschen Volkes der Kopf abgeschlagen worden ist, bloß weil er beim Lesen der OKW-Berichte zwei und zwei zusammengerechnet hat.«

Darauf schüttelt der SS-Sturmbannführer den Kopf und sagt: »Ich verstehe kein Wort. Wie heißt der Kerl?« Und der Oberstabsarzt Dr. Zwecke antwortet ganz ängstlich: »Gefreiter Hirnschal, Sturmbannführer.« Dann blickt mich der Sturmbannführer wieder scharf an und fragt: »Gefreiter Hirnschal, was ist eine Frontbegradigung?« Und ich antworte prompt: »Frontbegradigung ist ein neues Wort, das wo mich an einen gewissen Eberhardt Knackfuß erinnert, der wo unser Dorftrottel in Zwieselsdorf war. Dieser Knackfuß ist einmal gekommen und hat mir vorgeschlagen, er wird mir die Weißdornhecke um meinen Garten gerade schneiden, wenn ich ihm dafür ein Mittagessen gebe. Und dann hat er sich an die Arbeit gemacht und hat den ganzen Tag lang die Hecke ›begradigt‹, und wie ich sie mir dann am Abend angesehen habe, ist sie voll Löcher und Einbuchtungen, und der Knackfuß kratzt sich den Schädel und sagt, sie ist noch nicht ganz gerade, und er muß sie noch weiter verkürzen. So hat er am nächsten Morgen wieder angefangen mit dem Gerademachen und hat hier etwas weggenommen und dort etwas abgeschnitten, und alles hat er ganz planmäßig gemacht und hat dafür ein Mittagessen bekommen, und wie er fertig war, da war es ärger als zuvor. Und so ist es weitergegangen und der Knackfuß hat fünf Tage lang verkürzt und begradigt, bis zum Schluß überhaupt nichts mehr übrig war von der Hecke. Und das zeigt, Herr Sturmbannführer, was für eine schwierige Arbeit eine solche Begradigung ist, und wir können unserem geliebten Führer gar nicht genug dafür dankbar sein, daß er unsere Ostfront so wunderbar begradigt hat, zuerst von der Wolga zum Don und dann vom Don zum Donez und jetzt vom Donez zum Dnjepr.«

Darauf wischt sich der SS-Sturmbannführer den Schweiß von der Stirn und sagt: »Dieser Kerl macht mich ganz verwirrt.« Dann sieht er mich nochmals durchdringend an und fragt: »Was hat der Führer gemeint, als er in seiner letzten Rede sagte: Der Ausfall Italiens hat militärisch sehr wenig zu bedeuten?« Darauf blicke ich dem SS-Sturmbannführer voll in die Augen und sage: »Es gibt zwei Erklärungen für diesen Ausspruch des Führers«, sage ich. »Die eine Erklärung ist, daß unser geliebter Führer dies in demselben Sinne gesagt hat, in dem er vor einem Jahr erklärt hat, daß wir Stalingrad nehmen werden. Die andere Erklärung ist, daß unser geliebter Führer diesen Ausspruch in demselben Sinne getan hat, in dem der Reichsmarschall vor vier Jahren versichert hat, der Feind werde keine einzige Bombe auf Deutschland werfen.«

Darauf sieht mich der SS-Sturmbannführer groß an und fragt: »Und was ist der Unterschied zwischen der Erklärung im Sinne des Führers und der Erklärung im Sinne des Reichsmarschalls?« Darauf richte ich mich ganz auf und sage: »Es ist kein Unterschied, Sturmbannführer. Es gibt keine Meinungsverschiedenheiten zwischen unserem geliebten Führer und seinem getreuen Reichsmarschall.« Da wird der SS-Sturmbannführer ganz rot und murmelt etwas und geht schnell weiter zum nächsten Bett.

Nachher war der Jaschke ganz niedergedrückt und sagt: »Hirnschal«, sagt er, »das wird schief ausgehen. Jetzt heißt's zurück an die Front mit dir.« Aber ein paar Minuten später kommt der Oberstabsarzt Dr. Zwecke zu mir und flüstert mir zu: »Herzlichen Glückwunsch, Gefreiter Hirnschal! Die Kommission wird Ihre Versetzung in das Propagandaministerium beantragen.«

Und in diesem Sinne, mein vielgeliebtes Weib, grüßt und küßt Dich

Dein Dich liebender Adolf
Gefreiter im Lazarett in Warschau

34.

15. November 1943

Teure Amalia, vielgeliebtes Weib!

Freu' mich sehr, daß es Dir weiter gut geht und bin sehr überrascht, daß der Apotheker Knacke verhaftet worden ist und hoffe, es ist nur etwas Kriminielles. Außerdem teile ich Dir mit, daß ich vor zehn Tagen geheilt aus dem Lazarett entlassen worden bin. Die Schwester Kunigunde, die wo vom Saal 14 ein Kind erwartet, hat uns schon vorher verraten, daß alle Betten freigemacht werden müssen für neue Verwundetentransporte aus der Ukraine, und richtig sind von den 837 Patienten, die wo mit mir im Lazarett waren, 830 am gleichen Tage gesund und dienstfähig zur Truppe entlassen worden, und der Jaschke war auch dabei. Dann sind wir abkommandiert worden als Geleitmannschaft mit einem Munitionszug, und mit uns im Waggon war ein Unteroffizier, der wo Straube geheißen hat, und dieser Straube ist ein furchtbar zappeliger Kerl, der wo die ganze Zeit auf der Munitionskiste hin- und herrutscht, wo er sitzt, und plötzlich sagt er, wir haben Verspätung, denn wir sollen schon um 19 Uhr in Bobruisk sein. Darauf sage ich, es ist schon 19.18.

Da fährt mich der Unteroffizier Straube wütend an: »Donnerwetter, jetzt hören Sie schon endlich auf mit diesem ewigen Gequassel über 1918! Der Dr. Goebbels hat doch gerade haargenau bewiesen, daß so ein Vergleich mit 1918 überhaupt nicht möglich ist!« So sage ich höflich: »Herr Unteroffizier«, sage ich, »ich habe nur gemeint, es ist schon 19 Uhr 18.« Darauf sagt er nichts als: »Ach so.« Und so fahren wir weiter und weiter, und dann kommen wir nach Bobruisk, und dann geht es wieder weiter, und auf einmal springt der Unteroffizier Straube auf und sagt: »So ein Pech, jetzt haben wir die Rede von unserem geliebten Führer versäumt!« Und dann rutscht er wieder ein paar Minuten lang auf seiner Munitionskiste hin und her und schließlich erklärt er, wenn der Zug stehen bleibt, wird er mal hinüberklettern in den nächsten Waggon, da sind ein paar Kerle von der SS, die haben vielleicht ein Tornistergerät und können uns sagen, was unser geliebter Führer gesagt hat.

Im nächsten Augenblick bleibt der Zug mit einem Ruck mitten auf einer Brücke stehen, und der Straube klettert heraus; aber er kommt gleich wieder zurück und sagt aufgeregt: »Leute«, sagt er ganz atemlos, »wißt ihr, wann der Krieg zu Ende ist? Der Führer hat es gerade gesagt: Fünf Minuten nach zwölf!« Darauf sieht der Jaschke ganz verklärt drein und erklärt: »Hirnschal«, sagt er, »auf meiner Uhr ist es schon 11 Uhr 15.« So ersuche ich den Straube, er soll mal ganz genau wiederholen, was der Führer gesagt hat, und er wiederholt: »Niemals werden wir in den Fehler von 1918 verfallen, nämlich eine Viertelstunde vor 12 Uhr die Waffen niederzulegen. Diesmal wird Deutschland erst fünf Minuten nach 12 die Waffen niederlegen.« Und dann behauptet der Unteroffizier Straube, auf seiner Uhr ist es schon 11 Uhr 37 und die Uhr vom Jaschke geht zu langsam.

So beginne ich zu erklären, daß unser geliebter Führer das nur symbolisch gemeint hat, da kommt ein SS-Oberscharführer an unseren Waggon heran und ruft uns zu, wir können nicht weiter, weil russische Partisanen die Schienen aufgerissen haben. So erklärt der Unteroffizier Straube, er muß herausfinden, was los ist und springt vom Waggon. Und der Jaschke fragt mich: »Also was heißt das denn, Hirnschal, eine Viertelstunde vor 12 und fünf Minuten nach 12?« So erkläre ich ihm: »1918 haben Ludendorff und Hindenburg erkannt, daß Deutschland sofort Schluß mit dem Krieg machen muß, sonst gibt es eine furchtbare Katastrophe – so hat also Deutschland eine Viertelstunde vor 12 die Waffen niedergelegt, denn 12 Uhr, das wäre die Katastrophe gewesen.« Da fragt der Jaschke: »Ja, zum Teufel, warum wollen wir denn dann diesmal bis fünf Minuten nach 12 kämpfen?« Aber bevor ich noch antworten kann, klettert der Unteroffizier Straube wieder zurück in den Waggon, und er ist leichenblaß und sagt: »Sie haben einen Partisanen gefangen und er hat gestanden, daß die Bolschewiken eine Zeitbombe unter die Brücke gelegt haben. Punkt 12 fliegt die Brücke mit dem Zug in die Luft.« Darauf erklärt der Jaschke: »Und jetzt ist es schon 11 Uhr 32.« Und der Straube schreit: »Auf meiner Uhr ist es sechs Minuten vor 12.« Da brüllt der SS-Oberscharführer in den Waggon: »Wer den Zug verläßt, wird erschossen!« Und der Straube ächzt vor Aufregung: »Mensch«, sagt er, »der ganze Zug ist voll Dynamit. Jetzt sind's nur noch fünf Minuten bis 12.« Und der Jaschke sagt: »Vielleicht geht doch meine Uhr richtig. Ich habe erst 11 Uhr 34.« So sehe ich nach und sage: »Bei mir ist's genau viertel zwölf.« Und dann frag' ich den SS-Mann: »Wieviel ist's denn bei Ihnen, Oberscharführer?« Aber er antwortet: »Meine Uhr steht!« Darauf sage ich: »Das ist sehr unangenehm, wenn man nicht weiß, wieviel es geschlagen hat.« Und der Jaschke fängt mit einem Mal zu zittern an: »Wenn die Geschichte um 12 losgeht – ist das eigentlich nach russischer Zeit oder nach deutscher Zeit?« Darauf stöhnt wieder der Straube: »Drei Minuten vor 12.» Da krieg' ich ein sehr unangenehmes Gefühl im Magen und sage: »Am Ende geht die Uhr von den russischen Partisanen vor, nach der wo sie die Zeitbombe eingestellt haben.« Aber der SS-Mann brüllt: »Wer die Nerven verliert, wird erschossen! Wir bleiben hier bis fünf Minuten nach 12! Wir glauben an den Führer!« Aber in diesem Augenblick schlägt ihm der Jaschke seinen Gewehrkolben über den Schädel, und schon sind wir aus dem Zug draußen und rasen über die Brücke, und wir sind gerade über die Böschung, da fliegt der ganze verdammte Munitionszug in die Luft.

Und in diesem Sinne, mein vielgeliebtes Weib, grüßt und küßt Dich

Dein Dich liebender Adolf
Gefreiter in Rußland

35.

29. November 1943

Teure Amalia, vielgeliebtes Weib!

Muß Dir leider mitteilen, daß der Jaschke und ich noch immer auf der Suche nach unserem Regiment sind, und gestern sind wir vierzehn Stunden durch den Dreck marschiert, und am Abend haben wir eine leere Scheune gefunden und haben uns in unseren nassen Uniformen ins Heu gelegt, und in der Nacht höre ich, wie sich der Jaschke hin und her wälzt. »Kannst du nicht schlafen?« frag' ich ihn, »sind's die Läuse, Emil?« Und er antwortet: »Nein, Hirnschal, es sind die Gedanken.« Und dann stöhnt er und sagt: »Hirnschal, wie lange wird's noch dauern?« Da erkläre ich, unser geliebter Führer hat in seiner letzten Rede nochmals gesagt, wir kämpfen, bis wir den Endsieg errungen haben. Da dreht sich der Jaschke herum und sagt: »Ja, aber er hat kein Wort gesagt, *wie* wir den Endsieg erringen werden. Er hat nicht gesagt, *wie* wir die Russen aufhalten werden. Er hat nicht gesagt, *wie* wir die Luftangriffe verhindern werden. Nichts hat er gesagt, Hirnschal!« Und dann spuckt der Jaschke ins Heu und sagt: »Das einzige, das sie uns immer sagen, ist: ›Wir haben eine Siegesgarantie – das Vertrauen zu unserem Führer‹.« Darauf gähne ich und sage: »Weißt du, Jaschke, wenn ich das höre: ›Vertrauen zu unserem Führer‹ – da fällt mir immer meine liebe Tante Pauline in Zwieselsdorf ein, die wo im 33er Jahr eine Anzeige im ›Völkischen Beobachter‹ beantwortete, die wo gelautet hat: ›Junggeselle, gute Ersch., arisch, nordischer Idealist, sucht ehrb. Bekanntsch. ebensolch. Dame mittl. Alters, zw. späterer Ehe.‹ Dieser Junggeselle, der wo Anton Dösig geheißen hat, der hat meiner Tante Pauline sofort großartige Versprechungen gemacht, und nach zwei Wochen hat er sich 100 Mark von ihr ausgeliehen und nach drei Wochen noch 250, und nach zwei Monaten hat er ihr erklärt, er kann ein hochprofitables Geschäft abschließen, aber er braucht 8000 Mark dafür, und dann werden sie heiraten. Da hat ihm meine Tante Pauline erklärt, er soll ihr erst die 350 Mark zurückzahlen, die wo er ihr schuldig war; aber der Dösig hat ihr tief in die Augen geblickt und hat gesagt, sie muß Vertrauen zu ihm haben. Darauf hat die Tante Pauline ihr Papiergeschäft verkauft und hat ihm die 8000 Mark gegeben. Wieder nach drei Monaten hat er ihr gesagt, sie soll ihr Haus auf seinen Namen umschreiben lassen, und wie sie gefragt hat ›warum?‹ – da hat der Dösig ihr gesagt, sie muß Vertrauen zu ihm haben, denn Vertrauen ist die Grundlage einer glücklichen Ehe, und wenn sie an ihn glaubt, wird er alles meistern. So hat die Tante Pauline das Haus auf seinen Namen umschreiben lassen, und er hat das Haus gleich auf 50000 Mark versichern lassen und genau zwei Monate später ist es abgebrannt. Darauf ist der Dösig zu meiner Tante Pauline gekommen und hat sie getröstet und hat gesagt, sie soll Vertrauen zu ihm haben, und dann hat er die Versicherungssumme einkassiert und ist spurlos verschwunden, und meine Tante Pauline ist dagesessen, ohne Geld, ohne Geschäft, ohne Haus, ohne Bräutigam und mit einem Kind. An diesen Anton Dösig muß ich immer denken, wenn mir einer sagt, ich soll Vertrauen zu ihm haben.« Und dann gähne ich wieder und bin gerade im Einschlafen, da gibt mir der Jaschke einen Stoß und sagt ganz aufgeregt: »Aber der Führer ist doch schließlich nicht verrückt, Hirnschal! Nur ein Verrückter kann Millionen Menschen krepieren und eine Stadt nach der anderen zerstören lassen, wenn er überhaupt keine Chance sieht.«

»Emil«, sag' ich darauf, »unser geliebter Führer ist nicht verrückt. Aber er ist nicht ein Mensch wie du und ich. Überleg' einmal: warum willst du, daß jetzt endlich Schluß ist mit dem Krieg? Weil du am Leben bleiben willst, weil du genug hast von dem Schlamassel, weil du deine Frau und Kinder wiedersehen willst, die in Gefahr sind, weil du wieder in deinem kleinen Haus sein willst, und weil du wieder in deinem eigenen Laden stehen willst. Aber wie ist es denn mit unserem geliebten Führer? Warum soll er denn wünschen, daß der Krieg zu Ende ist? Für ihn beginnt die Gefahr erst, wenn sie für uns aus ist. Er ist erst dann im Dreck, wenn wir aus dem Dreck heraus sind. Du willst wieder in deinem kleinen Laden stehen. Aber unserem geliebten Führer wird der Laden zugesperrt, wenn der Krieg zu Ende ist. Nein, Emil, unser geliebter Führer ist nicht verrückt – er weiß genau, was er will –, er will unser geliebter Führer bleiben, solange es nur geht, und es spielt ihm überhaupt keine Rolle, wenn eine deutsche Stadt nach der anderen in einen

Trümmerhaufen verwandelt wird, wenn hunderttausende Geschäfte zugrunde gehen, wenn die Fabriken zerstört werden, wenn die Familien zerrissen werden, wenn die Frauen und Kinder verkommen. Für ihn spielt nur eines eine Rolle: daß er weiter der Führer bleibt, selbst wenn der Krieg weitergeht, bis in Deutschland kein Stein mehr auf dem anderen liegt und bis wir ein Volk von verhungerten, verseuchten, verluderten Bettlern sind – bis fünf Minuten nach zwölf.«

Und in diesem Sinne, mein vielgeliebtes Weib, grüßt und küßt Dich

Dein Dich liebender Adolf
Gefreiter in Rußland

36.

3. Januar 1944

Teure Amalia, vielgeliebtes Weib!

Danke Dir vielmals für Deine freundlichen Weihnachtsgrüße und die Liebesgabe, die wo ich erhalten habe, wie wir endlich unser Regiment gefunden haben. Wir haben einen sehr traurigen Silversterabend gehabt, denn unser Rundfunkgerät ist kaputtgegangen, weil nämlich der Hans-Joachim Blitz während der Goebbelsrede seinen rechten Stiefel darauf geworfen hat.

Da haben wir jetzt einen neuen Leutnant, der wo Hanke heißt und noch ganz grün und dämlich ist, und dieser Leutnant Hanke ist ganz verzweifelt, wie ihm der Funker Käsmann erklärt, er weiß nicht, ob er den Lautsprecher reparieren kann und sagt, das ist eine furchtbare Katastrophe, weil wir nun die Neujahrsbotschaft unseres geliebten Führers nicht hören können. So sage ich: »Her Leutnant«, sage ich, »vielleicht können statt dessen Herr Leutnant selbst eine Neujahrsansprache an die Truppe halten.« Und tatsächlich, wie ich zwei Stunden später in den Bunker komme, sitzt da der Leutnant Hanke in einer Ecke und in der rechten Hand hält er einen zerbissenen Bleistift und mit der linken Hand wischt er sich den Schweiß von der Stirn, und so frag' ich ihn, ob ihm am End' schlecht ist von dem Silvesterpunsch, den wo der Jaschke aus Brennspiritus gemacht hat, aber er sagt, er denkt nach, was er in seiner Neujahrsansprache sagen soll. So frag' ich ihn, worüber er reden will, und er antwortet, er glaubt, in einer Neujahrsrede muß man über das neue Jahr reden und wie wäre es, wenn er sagen möchte, das Jahr 44 wird uns bestimmt den Endsieg bringen. Da kratze ich mich am Kopf und sage: »Herr Leutnant«, sage ich, »ich erinnere mich, daß unser geliebter Führer uns vor drei Jahren den Endsieg für 1941 verprochen hat, und es würde vielleicht nicht gut aussehen, wenn der Herr Leutnant unserem geliebten Führer widersprechen und uns jetzt den Endsieg für 1944 versprechen würde. Wenn ich an der Stelle von Herrn Leutnant wäre, würde ich überhaupt nichts prophezeien, sondern nur über das vergangene Jahr sprechen.« Darauf schreit der Leutnant Hanke: »Ausgeschlossen! Denken Sie nur zurück an das vergangene Jahr. Worüber soll ich da sprechen? Vielleicht über Stalingrad? Oder über Charkow? Über Kiew? Über Afrika? Über Sizilien? Ganz unmöglich, Gefreiter Hirnschal!« So sage ich nachdenklich: »Es kommt alles auf den Gesichtspunkt an, Herr Leutnant. Da fällt mir zum Beispiel ein gewisser Horst Karasek ein, der wo einmal in einer Varieté-Vorstellung in Zwieselsdorf mit einem anderen einen komischen Ringkampf aufgeführt hat, und in der zweiten Runde ist er ganz grün und blau geschlagen worden und hat den Kampf aufgeben müssen. Aber wie ihn nachher einer aufgefordert hat, er soll über den Kampf einen Bericht ablegen, da hat er sich breit hingestellt und hat gesagt: ›Es war ein wunderbarer Sieg: Zuerst hat er *mich* niedergeworfen, aber dafür bin *ich* dann wieder von *ihm* umgerissen worden, und dann auf einmal ist *er auf mir* gelegen, aber im nächsten Augenblick bin *ich unter ihm* gelegen, und so hat der erbitterte Kampf hin- und hergetobt, einmal *er oben*, einmal *ich unten*, und dann wieder *ich unten* und *er oben*.‹ Und so hat der Karasek weiter hin- und hergeredet, bis sich zum Schluß kein Mensch mehr ausgekannt hat, was eigentlich los war und wer die Schläge gekriegt hat. Und so meine ich denn, Herr Leutnant, Sie sollen es genau so machen und sagen: ›Wir haben zwar im vergangenen Jahr Afrika und Süditalien verloren, aber dafür ist die Front im Osten nicht zusammengebrochen, und wir haben in Rußland zurück müssen, aber dafür ist die Front im Süden nicht zusammengebrochen‹.« Darauf wischt sich der Leutnant Hanke die Schweißtropfen von der Stirn und fragt: »Aber wie erklären wir Tunis und Stalingrad und Sizilien und alles übrige?« So denke ich einen Augenblick nach und dann sage ich: »Herr Leutnant, ich hab's! Es war Verrat! Betrug! Sabotage! Passive Resistenz! Unser geliebter Führer hat alles von vornherein einkalkuliert, aber er ist verraten worden. Jetzt müssen wir nur noch den Verräter finden!« So denkt der Leutnant Hanke nach und dann sagt er: »Wie wär's mit den Juden?« So antworte ich: »Wie wär' es zur Abwechslung mit den Italienern?« Da sagt der Leutnant Hanke verzweifelt: »Du lieber Himmel, was haben die Italiener mit Stalingrad zu tun?« Aber ich frage ihn: »Was haben die Juden damit zu tun?« Und darauf sagt er, die Italiener sind ihm auch recht. So hat also der Leutnant Hanke aufgeschrieben, das Jahr 1943 hat uns einen einmaligen Sieg gebracht, indem die Bolschewisten ihr Ziel nicht erreicht haben, denn sie wollten eigentlich viel mehr erreichen, als sie erreicht haben, und was sie erreicht haben, verdanken sie nur dem italienischen Verrat.

Aber wie wir alles aufgeschrieben haben, sagt der Leutnant Hanke, das ist alles ein so blöder, durchsichtiger Schwindel, daß er nicht den Mut hat, die Rede vor der Truppe zu halten. Aber kaum hat er das gesagt, so hören wir auf einmal den Lautsprecher, den wo der Funker unterdessen repariert hat, und es wird gerade der Neujahrsaufruf des Führers vorgelesen. Und wie wir so andächtig zuhören, merken wir, daß unser geliebter Führer beinahe dasselbe sagt, was ich dem Leutnant für seine Rede vorgeschlagen habe, nur sagt es der Führer natürlich mit viel, viel schöneren Worten.

Und in diesem Sinne, mein vielgeliebtes Weib, wünsche ich Dir noch im nachhinein ein fröhliches neues Jahr, und wenn Dir einmal traurige Gedanken kommen, denke daran: »Es geht alles vorüber, es geht alles vorbei« – wie es in dem schönen Lied heißt – und es grüßt und küßt Dich tausendmal,

Dein Dich liebender Adolf
Gefreiter in Rußland

37.

24. Januar 1944

Teure Amalia, vielgeliebtes Weib!

Hoffe, daß Du weiter wohlauf bist, und habe schon lange kein Schreiben von Dir erhalten. Heute ist wieder die Feldpost ausgeblieben und wie wir so sitzen und warten und sie kommt doch nicht, da fliegen so paar Sowjetflieger über uns und der Fritz Ziegenbart zählt: »Sechs – neun – wieder neun und noch drei – und wieder neun – Donnerwetter, das is'ne Sache ... Da möchte ich doch wissen, wo die alle herkommen, wo der Führer doch schon vor zweieinhalb Jahren gesagt hat, die sowjetische Luftwaffe ist endgültig vernichtet.« Da spuckt der Jaschke in den Schnee und sagt: »Und ich möchte wissen, wieso wir seit 'nem Jahr ununterbrochen die Front verkürzen und heute ist sie doppelt so lang wie vor drei Monaten.« Darauf sagt der Hans-Joachim Blitz: »Davon verstehst du nichts, Jaschke, das ist hohe Strategie. Haste nicht im Rundfunk gehört, wir können es uns leisten, hier und dort Raum zu verlieren, weil wir ja früher so viel Raum gewonnen haben! Das zeigt, wie weitblickend die Strategie unseres Führers war.« Da sieht der Jaschke mich an und fragt: »Stimmt das, Hirnschal?« So sage ich: »Ob das stimmt, weiß ich nicht. Aber es erinnert mich an einen gewissen Gert Rüdig Schmälzle, der wo Kassierer des Freiwilligen Feuerbestattungsvereins ›Vergißmeinnicht‹ in Zwieselsdorf war. Dieser Schmälzle ist einmal mit 1200 Mark nach Hause gekommen und hat seiner Frau gesagt, er wird sich damit selbständig machen. Am nächsten Tag aber ist er von der Polizei abgeholt worden, weil er das Geld unterschlagen hatte, und er ist zu acht Monaten Gefängnis verurteilt worden. Und die 1200 Mark hat er auch zurückgeben müssen. Und wie ihn dann seine Frau im Gefängnis besucht und ihm Vorwürfe macht, ist er ganz entrüstet und sagt, er versteht gar nicht, warum sie sich aufregt, er hat es sich doch leisten können, die 1200 Mark zu verlieren, weil er doch am Tag vorher 1200 Mark gewonnen hat, und da sieht man, wie gut er alles im vorhinein einkalkuliert hat: wie wäre er erst dagestanden, wenn er das Geld vorher nicht unterschlagen hätte? An diesen Schmälzle muß ich mich immer erinnern, wenn ich im Rundfunk höre, wir können es uns leisten, Raum zu verlieren, weil wir ja den Raum vorher erobert haben.«

Darauf wischt der Jaschke den Schnee von seinem Gewehr und sagt: »Nee, Hirnschal«, sagt er eigensinnig, »ich verstehe trotzdem nicht, warum das eine Frontverkürzung ist.«

So erkläre ich dem Jaschke: »Das sind ja nur Worte, Jaschke«, sage ich, »du kannst es Frontverkürzung nennen oder Frontverlängerung, darauf kommts nicht mehr an. Sind ja nur Worte. Unser geliebter Führer hat 1940 gesagt, daß der Krieg im Westen beendet ist und 1941 hat er gesagt, daß Rußland geschlagen ist und 1942 hat er gesagt, daß Stalingrad genommen werden wird und 1943 hat er gesagt, daß der Ausfall Italiens militärisch nichts zu bedeuten hat. Worte, Jaschke, nichts als Worte. Man kann schwarz weiß nennen, und lang kann man kurz nennen, aber man änderts nicht dadurch. Unser geliebter Führer kann sagen, daß wir siegen werden, weil wir den Sieg verdienen – aber das sind ja nur Worte. Auf die Worte kommts nicht an. Durch Worte kann man keinen Toten wieder lebendig machen, und durch Worte kann man keine zerstörte Stadt wieder aufbauen, und durch Worte kann man keinen verlorenen Krieg gewinnen.«

Und gerade wie ich das sage, kommen die russischen Flieger wieder zurück, und der Hans-Joachim Blitz schreit: »Dekkung!« und wir liegen platt im Schnee und hinter unserer Stellung explodieren zwei Bomben und dann sind die Russen auch schon wieder davon.

»Da siehst du, Jaschke«, sage ich, »das waren keine Worte. Das waren Tatsachen. Auf die Tatsachen kommt es an. Bomben sind Tatsachen. Hamburg, Berlin, Magdeburg und die anderen, das sind Tatsachen. Daß die Russen wieder dort stehen, wo wir vor zweieinhalb Jahr gestanden sind – das sind Tatsachen. Die amerikanischen Fabriken – das sind Tatsachen. Die Millionen Soldaten in England – das sind Tatsachen. Und keine auch noch so schönen Worte von unserem geliebten Führer können etwas daran ändern.«

Da sieht mich der Fritz Ziegenbart groß an und sagt: »Was ist denn los mit dir, Hirnschal? Du sprichst ja fast schon wie ein Revolutionär!«

Aber ich schüttle den Kopf und sage: »Nur Worte, mein Lieber«, sage ich, »nichts als Worte. Diese Worte sagen heute schon Millionen Deutsche. Aber leider kommts auch auf die Worte nicht an. Was man tut – darauf kommt es an. Auf die Tatsachen, nicht auf das Gerede.«

Und in diesem Sinne, mein vielgeliebtes Weib, grüßt und küßt Dich

Dein Dich liebender Adolf
Gefreiter in Rußland

38.

31. Januar 1944

Teure Amalia, vielgeliebtes Weib!

Hoffe, daß Du den Tag der Machtergreifung gut überstanden hast und teile Dir mit, daß wir hier wegen unserem geliebten Führer sehr große Unannehmlichkeiten gehabt haben und ich werde Dir erklären wieso.

Also, wir sind die ganze Nacht von Sonnabend auf Sonntag früh durchmarschiert und auf einmal sagt der Leutnant Hanke, jetzt haben wir noch zehn Kilometer vor uns und wenn wir Glück haben, können wir's in drei Stunden schaffen und wir können jetzt eine halbe Stunde rasten. Aber kaum haben wir uns in den Schnee geworfen, da stürzt der Käsmann, der wo unser Funker ist, zum Leutnant Hanke und schreit: »Herr Leutnant«, schreit er, »der Führer spricht um 12 Uhr.« Da springt der Leutnant Hanke ganz aufgeregt auf und sagt, wir dürfen die Rede von unserem geliebten Führer unter keinen Umständen versäumen, und wir müssen eben die zehn Kilometer in zwei Stunden machen anstatt in drei. Und so sind wir denn gleich weiter auf der vereisten Straße, und der Hans-Joachim Blitz stöhnt und flucht: »Wenn nur der Führer nicht die Macht ergriffen hätte, dann könnten wir die dreckigen zehn Kilometer schön ruhig und gemütlich spazierengehen.« Und der Fritz Ziegenbart sagt: »Wenn nur der Führer nicht die Macht ergriffen hätte, könntest du jetzt bei deiner Frau sein und bei deinen zwei Kindern.« Aber da kommt gerade der Leutnant Hanke vorbei und sagt: »Vorwärts, Jungens, vorwärts!« Und dann höre ich, wie er zum Hauptmann Krickwitz sagt: »Die Stimmung der Truppe läßt zu wünschen übrig. Es ist ein wahres Glück, daß der Führer heute spricht. Da werden alle ihre Zweifel beseitigt werden.« Und wie wir richtig ein paar Minuten vor zwölf an unseren Ziel ankommen, da stellt der Käsmann auch schon den Lautsprecher auf, und wir hören die Stimme unseres geliebten Führers, wie er gerade seine Rede beginnt.

Da sage ich ganz leise zum Jaschke: »Das ist aber schade, daß wir die Musik versäumt haben, und den Jubel und den ganzen übrigen Tamtam, das bringt einen ja erst in die richtige Stimmung.« Da sagt der Jaschke: »Vielleicht spricht er gar nicht in Berlin.« Da sage ich: »Am 30. Januar muß unser geliebter Führer in Berlin sprechen, sonst bilden sich die Engländer am Ende noch ein, der Sportpalast oder die Kroll-Oper sind zerstört.« Und dann hören wir weiter andächtig zu, und nach ungefähr zwanzig Minuten fragt mich der Jaschke wieder: »Wie lange wird er sprechen, Hirnschal?« Und ich sage: »Zweieinhalb Stunden, schätze ich. Mindestens. Aber wart nur.« Im nächsten Augenblick hört auf einmal die Rede auf, und der Leutnant Hanke schreit: »Käsmann! Wo sind Sie denn, Sie Schweinkerl? Sehen Sie nicht, das Radio ist kaputt!« Darauf rüttelt der Käsmann an dem Lautsprecher, aber es kommt nichts anderes heraus als nur das Horst-Wessel-Lied. »Herr Leutnant«, sagt der Käsmann, »die Führerrede ist zu Ende.« Aber der Leutnant Hanke hat einen ganz roten Kopf und brüllt: »Sie Idiot! Sie Saboteur, Sie Bolschewik! Er hat doch erst angefangen! Er hat doch erst 20 Minuten gesprochen!«

Da trete ich vor und sage: »Herr Leutnant«, sage ich, »es ist ganz ausgeschlossen, daß das die ganze Rede von unserem geliebten Führer war. Das kann nur ein Teil gewesen sein und der Teil, den wo wir gehört haben, der gibt ja überhaupt keinen Sinn nicht.« Und ich erkläre weiter: »Da ist zum Beispiel die wunderschöne Bemerkung unseres geliebten Führers, daß der Sieg Deutschlands für jeden Nationalsozialisten eine innere Gewißheit ist. Das erinnert mich an einen gewissen Horwotzki, der wo das älteste Parteimitglied in Zwieselsdorf war. Dieser Horwotzki hat eine Wette abgeschlossen, er wird im Pyjama durch den Karpfenteich schwimmen. Und wie man ihn gefragt hat, ob er auch schwimmen kann, hat er geantwortet: »Naa, aber ich habe die innere Gewißheit.« Und nachher hat es furchtbare Scherereien gegeben, weil die Feuerwehr den ganzen Karpfenteich nach der Leiche durchsucht hat, aber erst am dritten Tag haben sie den Horwotzki im Schlamm gefunden und er hat schon sehr schlecht ausgesehen. Und so glaube ich, die innere Gewißheit ist nicht genug, und das hat unser geliebter Führer bestimmt auch nachher genau erklärt und er hat bestimmt alle Fragen nachher genau beantwortet – die wo uns auf dem Herzen liegen. Und darum, Herr Leutnant, schlage ich ergebenst vor, daß Herr Leutnant selbst die Rede von unserem geliebten

Führer fortsetzen und diese Fragen beantworten.« Darauf wischt der Leutnant Hanke die Augengläser und fragt: »Was für Fragen sind das, Gefreiter Hirnschal?« Und ich sage: »Da ist erstens die Frage, wie wir die Russen aufhalten können, und zweitens, wie wir die zweite Front halten können, und drittens, wie die Heimat vor den Luftangriffen geschützt werden kann, und viertens, wie es mit dem U-Boot-Krieg steht, und fünftens, wann es Frieden geben wird, und sechstens ...«

Aber da unterbricht mich der Leutnant Hanke und sagt scharf: »Gefreiter Hirnschal«, sagt er, »ich habe es mir überlegt. Der Funker Käsmann hat recht. Die Führerrede war zu Ende.«

Und in diesem Sinne, mein vielgeliebtes Weib, wünsche ich Dir recht viel innere Gewißheit und grüße und küsse Dich tausendmal.

Dein Dich liebender Adolf
Gefreiter in Rußland

39.

14. Februar 1944

Teure Amalia, vielgeliebtes Weib!

Heute habe ich eine große Neuigkeit für Dich, und Du mußt auch gleich zum Krummen Gustav hinüberlaufen und ihm alles erzählen, denn ich bin plötzlich ein reicher Mann geworden, und ich werde Dir erklären wieso.

Begonnen hat es, wie der Hauptmann Krickwitz befohlen hat, wir müssen sofort aufbrechen und uns durch die Sümpfe durchschlagen. Der Leutnant Hanke sagt aufgeregt, wir müssen erst unser Gerät zusammen bekommen. Aber der Hauptmann Krickwitz schreit: »Gerät zurücklassen! Wir haben keine Minute zu verlieren!« Und so fahren wir hinaus aus Nikopol, und eine halbe Stunde später bleibt unser Wagen im Sumpf stecken und wir müssen zu Fuß durch den Morast waten und der Fritz Ziegenbart sagt: »Zum Teufel, gibt's denn keine Bahn in dieser Dreckgegend?« Und der Hans-Joachim Blitz antwortet: »Die Bahn haben die Russen.« Und der Ziegenbart fragt: »Und was ist mit der Straße?« Und der Jaschke antwortet: »Die Straße haben die Russen. Rechts sind die Russen und links ist der Dnjepr und hinter uns sind auch die Russen, und wenn wir nicht Beine machen, sind die Russen bald auch vor uns.« Und so marschieren wir denn weiter, und wir sehen eine Menge Fahrzeuge im Dreck, und kein Aas versucht, sie rauszuziehen. Und wir stapfen weiter durch den schwarzen Schlamm und unsere Stiefel sind voll Wasser und sie machen ein Geräusch, das klingt wie: »Sieg-Heil – Sieg-Heil ...« Und da höre ich, der Hans-Joachim Blitz knurrt wirklich im Takt: »Sieg-Heil – Sieg-Heil!« Und dann sagt er zu mir: »Einmal war ich auch dort, im Sportpalast ...«, sagt er. »Das war ein Gebrüll:: ›Sieg-Heil! Sieg-Heil!‹ ... und wir Heuochsen haben alles geglaubt ... Jetzt haben wir unseren Lebensraum – Sieg-Heil!«

Und so geht es weiter, bis wir auf einmal zu einem Wagen kommen, der wo bis zu den Achsen im Sumpf steckt, und der Wagen ist vollbeladen mit Kisten und Möbeln und Schreibmaschinen, und darauf steht ein fetter Kerl mit Stielaugen und brüllt: »Stehen bleiben! Keinen Schritt weiter! Der Führer hat strengen Befehl gegeben, daß durchgehalten werden muß! Durchgehalten um jeden Preis! Keinen Schritt zurück! Der deutsche Soldat schützt ganz Europa vor dem Bolschewismus! Der deutsche Grenadier verteidigt den deutschen Sozialismus!« Darauf frage ich ganz höflich, mit wem wir eigentlich die Ehre haben. Darauf sieht er mich durchdringend an und sagt: »Ich bin der Leiter der Zweigstelle Nikopol der Schlachtstätten und Fleischwerke Ukraine GmbH. – Verstanden?« In diesem Augenblick schreit der Jaschke: »Deckung!« und wir werfen uns platt in den Dreck, und eine Sekunde später explodiert eine Bombe keine fünf Schritt vor dem Kerl mit den Stielaugen, und der ganze Laster mit den Kisten und Schränken und Schreibmaschinen wirbelt durch die Luft, und wie wir uns wieder zusammenrappeln und uns den Schlamm aus den Augen wischen, da ist der Leiter der Zweigstelle Nikopol der Schlachtstätten und Fleischwerke Ukraine GmbH. spurlos verschwunden, aber dafür liegen überall im Schilf die Akten und Bücher, die wo in den Kisten gewesen waren. Gerade vor meiner Nase liegt ein Papier, und wie ich es aufhebe, lese ich: »Bericht über das Geschäftsjahr 1942/43, Ukraine-Gesellschaft für Erfassung und Verwertung von Alt- und Abfallstoffen GmbH., Kiew.« Und dann hebe ich ein anderes Papier auf und da steht: »Dividenden-Ausschüttung, Ukraine Seifen- und Waschmittel GmbH., Zentrale Rowno.« Und ein paar Schritte vor mir liegt ein Bündel Aktien der Deutschen Manganwerke AG., Nikopol. Da schreit der Fritz Ziegenbart zu mir herüber: »Hirnschal, weißt du, was ich da habe? Ich habe da ein Paket Aktien der Ukraine Baumwolle AG., Nennwert 1000 Mark. Was ist das für ein Zeug, Hirnschal?«

Da kratz' ich mir den Schädel und sage: »Das ist der deutsche Sozialismus, Ziegenbart. Das ist die europäische Völkergemeinschaft, die wo wir mit unserem Blut verteidigen. Das sind die deutschen Ideale, die wo uns unser geliebter Führer gegeben hat und für die wo wir in den Krieg gezogen sind und für die wo wir jetzt durchhalten sollen, bis zum letzten Atemzug.«

Da steckt der Ziegenbart das Aktienbündel in seinen Mantel und sagt: »Wer weiß, Hirnschal, vielleicht kann ich mir damit mal das Schlafzimmer tapezieren, wenn ich wieder von ›Idealen‹ träumen will ...« Und ich stecke die Aktien der Deutschen

Manganwerke AG., Nikopol ein und sage: »Ziegenbart«, sage ich, »jetzt sind wir reiche Leute. Und wenn ich mich recht erinnere, Ziegenbart, hat uns unser geliebter Führer seinerzeit versprochen, wir werden im Ostland unser Glück finden, und so viel werden die Aktien doch noch wert sein wie ein Führerversprechen.«

Und in diesem Sinne, mein vielgeliebtes Weib, grüßt und küßt Dich

Dein Dich liebender Adolf
Gefreiter in Rußland

40.

21. Februar 1944

Teure Amalia, vielgeliebtes Weib!

Teile Dir mit, daß ich plötzlich ein berühmter Mann geworden bin und ich werde Dir erklären wieso.

Also begonnen hat es, wie der Käsmann die Kopfhörer abnimmt und sagt: »Kinder«, sagt er, »das gibt ein zweites Stalingrad. Bei Cherkassy ist unsere Achte Armee schon über zwei Wochen lang eingekesselt.« Darauf sehe ich den Käsmann scharf an und sage: »Und wer sagt das?« Und er antwortet: »Die Russen sagen das.« So sehe ich ihn schärfer an und sage: »Also der Moskauer Lügensender sagt das.« Da meint der Käsmann: »Die Engländer sagen dasselbe.« So sehe ich ihn noch schärfer an und sage: »Also der Londoner Lügensender sagt dasselbe, Käsmann. Und was sagt der Wehrmachtsbericht?« Da spuckt der Käsmann in die Ecke und erklärt: »Der OKW-Bericht sagt nicht ein Wort darüber.«

So sehe ich ihn noch viel schärfer an und lege los: »Und warum sagt der Wehrmachtsbericht nichts? Vielleicht, weil unser geliebter Führer es nicht wagt, dem deutschen Volk die Wahrheit zu sagen? Vielleicht weil die Stimmung in der Heimat so schlecht ist, daß man nicht mehr sagen darf, was los ist? Ich werde dir sagen, warum das OKW kein Wort sagt. Weil das Ganze eine gemeine plutokratisch-bolschewistische Lüge ist. Was das OKW nicht sagt, das existiert nicht. Unser geliebter Führer hat seinerzeit erklärt: Der Wehrmachtsbericht ist ein Bericht der Wahrheit. Merk dir das, Käsmann.«

Aber da merke ich, daß der Hauptmann Krickwitz während meiner schönen Rede hereingekommen ist, und wie ich fertig bin, sagt er: »Gefreiter Hirnschal, Sie sind der richtige Mann. Sie sind ein geborener Propagandist.« Und dann sagt er, er hat eine ehrende Aufgabe für mich, aber er weiß nicht, was es ist, er hat nur Befehl bekommen, sofort ein paar Leute zur Verfügung zu stellen, die gute Propagandisten sind. Und dann werde ich auch schon in einem Wagen zu einem Flugplatz gefahren, und ehe ich weiß, was los ist, sitze ich in einer großen Focke-Wulf, zusammen mit dreißig anderen, und wie wir eine Zeitlang geflogen sind, sagt uns auf einmal ein Leutnant: »Das ist die Achte Armee.« Und dabei zeigt er durchs Fenster und dann sagt er: »Und das sind die Russen.« Und dabei zeigt er in alle Himmelsrichtungen. So sage ich: »Herr Leutnant meinen doch nicht, daß die Achte Armee wirklich eingekesselt ist?« Und er sieht mich groß an und antwortet: »Natürlich ist sie eingekesselt. Seit über zwei Wochen. Und wir sind ein Propagandastoßtrupp, der wo zur eingeschlossenen Achten Armee geschickt wird, damit wir unsere Leute überreden durchzuhalten bis zum letzten Atemzug.«

Plötzlich schreit einer: »Wir landen!« Und wir hören schweres Artilleriefeuer, und im nächsten Augenblick sind wir gelandet, und alle drängen zum Ausgang. Aber mir fällt in der Aufregung ein Handschuh unter den Sitz und bis ich ihn gefunden habe, bin ich der Letzte, und wie ich hinausklettern will, stoße ich mit einem General zusammen, der gerade ins Flugzeug hineinklettern will, und der brüllt mich an: »Verdammter Kerl, will er mich reinlassen oder nicht?« So drücke ich mich höflich zur Seite und wie der General drin ist, will ich mich schnell hinausquetschen, aber da ist ein SS-Brigadeführer und Generalmajor der Waffen-SS in der Türe und drängt mich wieder zur Seite und hinter ihm ist noch ein anderer und schreit: »Vorwärts, vorwärts, die Russen schießen sich schon ein!« Und schon drängen noch mehr nach und ich sage: »Entschuldigen die Herren Generäle, aber ich muß hinaus, ich gehöre zum Propagandastoßtrupp, der wo unsere Leute überreden soll, durchzuhalten bis zum letzten Atemzug!« Aber in dem Durcheinander hört mich keiner und ich werde immer mehr zurückgedrängt, und ein SS-Oberführer schreit: »Schneller, schneller, wir haben keine Zeit zu verlieren!« Und ehe ich noch etwas tun kann, ist der Ausgang geschlossen und im nächsten Augenblick sind wir auch schon in der Luft, und das Flugzeug ist voll gefüllt mit Generälen, aber es sind auch einige armselige SS-Sturmbannführer dabei, und alle sind ganz blaß, und ein General sagt: »Verdammte Strategie das! Zehn gute Divisionen verloren! Fast so schlimm wie Stalingrad!« Und dann sitzen alle ganz still da und starren vor sich hin.

Und so bin ich wieder zu dem Flugplatz zurückgekehrt, von dem wo ich aufgestiegen bin, und wie ich wieder zu meinem

Bataillon komme, wird gerade der Wehrmachtsbericht vorgelesen und da heißt es: »Im Raum westlich von Cherkassy wurde nach Abwehr heftiger feindlicher Gegenangriffe die Verbindung zu einer seit Wochen abgeschnittenen stärkeren Frontgruppe wiederhergestellt.« Und da ruft der Jaschke: »Hirnschal, da bist du gemeint! Du hast die ›Verbindung‹ hergestellt! Du bist ein berühmter Mann, Hirnschal, wenn schon der OKW-Bericht über dich berichtet.« Und darauf lächle ich ihn freundlich an und sage zum Käsmann: »Siehst du, Käsmann, ich habe es dir immer erklärt: Der Wehrmachtsbericht ist ein Bericht der Wahrheit.«

Und in diesem Sinne, mein vielgeliebtes Weib, grüßt und küßt Dich

Dein Dich liebender Adolf
Gefreiter in Rußland

41.

13. März 1944

Teure Amalia, vielgeliebtes Weib!

Das tut mir aber sehr leid, daß Du einen so starken Schnupfen hast und Aspirin und Ausschwitzen ist das Beste dagegen, und teile Dir mit, daß wir seit einer Woche knietief im Schlamm waten und ich erzähle gerade dem Fritz Ziegenbart von der gottseligen Tante Sieglinde, die wo immer gesagt hat, Schlammpackungen sind das Beste gegen rheumatische Schmerzen, und da sieht man wieder, wie unsere geliebte Führung um unsere Gesundheit besorgt ist. Da blickt mich der Fritz Ziegenbart ganz merkwürdig von der Seite an und dann fragt er plötzlich: »Hirnschal«, fragt er, »glaubst du wirklich, daß die Juden an allem schuld sind?« Und ich erwidere: »Natürlich sind sie an allem schuld. Das hat doch unser geliebter Führer immer wieder gesagt, und was der Führer sagt, das darf nicht bezweifelt werden.« Darauf sieht mich der Fritz Ziegenbart wieder so sonderbar schief an und ich merke, daß irgend etwas mit ihm los ist, und so sage ich schnell: »Du mußt nur mal zurückdenken, Ziegenbart, wie das alles gekommen ist. Wer hat denn in Deutschland mit den Vorbereitungen zum Krieg begonnen? Natürlich die Juden. Wer hat denn die ganze Zeit im Rundfunk und in den Zeitungen erklärt, der Krieg ist die höchste Erfüllung des Menschseins, und der Krieg ist die Auswahl der Besten, und der Krieg ist ich weiß nicht was? Die Juden selbstverständlich. Wer hat uns denn in Polen einmarschieren lassen und in Norwegen und Holland? Wer denn sonst als die Juden? Wer ist denn auf die Idee verfallen, daß wir Rußland angreifen und nach Stalingrad marschieren und wieder von Stalingrad zurückmarschieren? Natürlich die Juden. Mit einem Wort, Ziegenbart: wer ist schuld, daß wir hier im Dreck stecken? Niemand anderer als die Juden, Ziegenbart, nur die Juden. Und da siehst du, wie recht unser geliebter Führer hat, daß er immer die Juden bekämpft hat.«

Darauf stiert der Fritz Ziegenbart ganz finster vor sich hin und sagt: »Haben die Juden auch unsere Familien zerstört?« Und dabei seh' ich, wie sein rechter Mundwinkel ganz verdächtig zuckt und so frage ich vorsichtig: »Ist zu Hause was nicht in Ordnung, Ziegenbart?« Und er starrt nur so vor sich hin, und dann sagt er: »Kannst mir gratulieren, Hirnschal. Meine Frau hat Zwillinge bekommen.« Und darauf schneuzt er sich und schnupft und schluckt zum Gotterbarmen.

»Ziegenbart«, sag' ich, »da stimmt doch was nicht. Du bist doch schon 'ne Ewigkeit nicht auf Urlaub gewesen, Ziegenbart.« Und er nickt nur und sagt gar nichts. »Ziegenbart«, frag' ich, »ist es am Ende der Oberkreismilchprüfungsausschuß gewesen?« Und er schüttelt den Kopf und sagt: »Nein, Hirnschal. Sie hat die Zwillinge von der Ordensburg Sonthofen bekommen. Und sie schreibt noch, sie ist sehr stolz darauf, weil sie unserem Führer zwei rassisch hochwertige Jungen geschenkt hat. Und sie schreibt, Gemeinnutz geht vor Eigennutz, und das ist die wahre Volksgemeinschaft.«

Und dann ist die Ablösung gekommen, und wie wir langsam nach hinten stapfen, sagt der Fritz Ziegenbart: »Weißt du, Hirnschal, das ist schon eine verdammte Sache, diese Volksgemeinschaft. Ich bin bis jetzt nicht drauf gekommen, was dahinter steckt.« Und so erklär' ich ihm, wie wir zusammen durch den Schlamm waten: »Weißt du, Ziegenbart«, erklär' ich ihm, »wenn ich jemanden von der Volksgemeinschaft reden höre, da fällt mir ein gewisser Kajetan Haidvogel ein, der wo ein geachtetes Mitglied im Wanderzirkus Zwick & Co. war, der wo jeden Sommer nach Zwieselsdorf gekommen ist. Dieser Haidvogel hat seit zehn Jahren den unteren Teil von einem Riesen gespielt, und auf seinen Schultern ist immer sein Sohn Fritze gesessen, der wo zwölf Jahre alt war und eine Maske mit einem roten Bart und einen langen, roten Mantel getragen hat, der wo bis zum Boden gereicht hat. Aber da war auch ein gewisser Baldur Gert Strippe in dem Wanderzirkus, der wo ein bekannter Bauchredner und Obmann-Stellvertreter des Verbandes Nationalsozialistischer Jongleure, Schlangenmenschen und Bauchredner war. Dieser Strippe war sehr ehrgeizig und er hat immer der obere Teil von dem Riesen sein wollen, und so hat er den Haidvogel überredet, er soll lieber mit ihm in Compagnie gehen, anstatt mit dem Fritze, weil er viel größer ist als der Fritze. Und richtig, so sind sie zusammen als ›Riese‹ aufgetreten und es war ein ›Riesenerfolg‹. Aber nach ein paar Minuten hat der Haidvogel zu schwitzen und zu stöhnen angefangen und hat zum Strippe gesagt, er ist ihm zu schwer und er soll lieber runtersteigen. Aber der Strippe hat ihm geantwortet, sie haben doch erst angefangen, und es ist ein großer Erfolg und sie müssen noch weitermachen. Und damit hat er seine Fersen in die Seite vom Haidvogel gebohrt wie in ein Husarenpferd und der Haidvogel hat rund um die Arena galoppieren müssen; und wie er wieder dem Strippe sagt, er kann nicht weiter, sagt ihm der Strippe, er ist nur der untere Teil vom Riesen und darum muß er der Führung gehorchen, und mit dem Fritze sei er früher nur ein kleiner Riese gewesen, aber er, der Strippe hat ihn groß und stark gemacht und zusammen sind sie eine wirkliche Volksgemeinschaft. Und so hat er ihn die ganze Zeit durch die Arena gehetzt, und der Haidvogel hat kaum mehr atmen können, und die Beine sind ihm eingeknickt, aber der Strippe hat ihm immer mehr Fußtritte gegeben.« Da fragt mich der Ziegenbart: »Und wie ist die Sache ausgegangen, Hirnschal?« Und ich sage: »Der Haidvogel hat den Strippe in einen Haufen Löwendreck geworfen, der wo dort in der Arena gelegen ist.«

Und in diesem Sinne, mein vielgeliebtes Weib, grüßt und küßt Dich

Dein Dich liebender Adolf
Gefreiter in Rußland

42.

10. April 1944

Teure Amalia, vielgeliebtes Weib!

Hoffe sehr, daß Du weiter wohlauf bist, und wir sind glücklich in Rumänien angelangt, und wir sind zwei Tage in Czernowitz gewesen, da sage ich zum Jaschke: »Was, Junge, das hättest du dir nicht träumen lassen, daß du auch einmal in diese Weltstadt kommen wirst?!« Und der Jaschke antwortet: »Letzte Nacht habe ich noch einen ganz anderen Traum gehabt, Hirnschal.« Und dann erzählt er: »Also in dem Traum hab' ich geträumt, mich hat auch so ein Granatsplitter erwischt und ich komme geradewegs in die Hölle hinunter.« So sage ich: »Na, Emil, da muß es aber ganz scheußlich gewesen sein, in der Hölle.« – »Keine Spur, Hirnschal«, sagt darauf der Jaschke, »keine Russen, keine Bomben, kein Dreck, kein Winter – es war die schönste Erholungskur. Aber dann ist auf einmal der Himmler angekommen – und das hättest du mal sehen sollen! Gleich hat er angefangen, die Hölle zu reorganisieren und da war es so schlimm wie hier oben.«

Und wie wir uns so unterhalten, gehen wir gerade in Czernowitz spazieren und der Jaschke fragt mich: »Was ist denn das für ein Haus, Hirnschal?« Und ich sage: »Das ist das Palace-Hotel.« Und da kommt gerade der Hauptmann Krickwitz heraus, und wie er uns sieht, sagt er: »He, Sie da, Gefreiter Hirnschal! Geh'n Sie mal ins ›Palace‹ und warten Sie in der Halle, bis ich zurückkomme. Ich geh' mich ein wenig amüsieren; wenn's was gibt, holen Sie mich sofort. Ich bin da in dem Lokal gegenüber.«

So warte ich also drinnen auf den Hauptmann Krickwitz, und nach einer Stunde oder so stürzt auf einmal ein Leutnant ins Hotel und schreit: »Die Russen sind über den Pruth!« Und es gibt eine große Aufregung und alles rennt durcheinander, und so denke ich mir, ich verständige lieber den Hauptmann Krickwitz. Ich gehe also quer über die Straße und dann steige ich hinunter in das Nachtlokal, das wo ich Dir nicht beschreiben kann, weil es ein militärisches Geheimnis ist, aber es sind vielleicht 25 Damen da, die wo alle aussehen wie griechische Statuen, nur viel lebendiger. Nachdem ich mich an diesen Anblick gewöhnt habe, bemerke ich den Hauptmann Krickwitz, und neben ihm sitzt ein SS-Standartenführer mit einer solchen griechischen Statue auf dem Knie, und ich salutiere und sage: »Herr Hauptmann, bitte melden zu dürfen, die Russen sind über den Pruth!« Aber der SS-Standartenführer hält mir ein Glas Rotwein unter die Nase und schreit: »Da, sauf, Landser!« So trinke ich den Wein, und der SS-Standartenführer brüllt: »Wo ist denn die Kriemhilde? Donnerwetter! Wo ist das Herrenmensch?!« Und ich trete einen Schritt näher und sage: »Herr Hauptmann, ich störe nur ungern, aber die Russen sind über den Pruth.« Darauf zwinkert mir der Hauptmann Krickwitz lustig zu und fängt so zu lachen an, daß der ganze Diwan schaukelt, und dann sagt er: »Guter Witz, Gefreiter Hirnschal! Ausgezeichneter Witz! Wissen Sie, wo die Russen sind? Die Russen sind auf der anderen Seite der Wolga. Und wenn sie zufällig nicht an der Wolga sind, sind sie am Don. Und wenn sie nicht am Don sind, sind sie bestimmt am Donez. Und wenn sie nicht undsoweiter, undsoweiter ... dann sind sie am Dnjepr, dann sind sie am Bug, dann sind sie am Dnjestr ...« Und da ist der Hauptmann Krickwitz vom Diwan gefallen.

So knie' ich neben ihm nieder und sage eindringlich: »Herr Hauptmann, die Russen sind ...« Aber er unterbricht mich und sagt traurig: »Gefreiter Hirnschal, ich habe die Wehrmachtsberichte regelmäßig gelesen. Laut sämtlichen Berichten vom OKW haben wir sämtliche feindlichen Angriffe an sämtlichen Frontabschnitten immer mit schweren Verlusten für den Feind abgeschlagen. Preisrätsel: Wieso stehen wir dann nicht mehr an der Wolga, sondern in Czernowitz?« Darauf brüllt der SS-Standartenführer: »Weil unsere Leute Scheißkerle sind, Hauptmann. Weil sie nicht für den Führer krepieren wollen. Gestern habe ich meine Waffen-SS mit MG.'s in diese Schweine hineinpfeffern lassen.« Und dann gießt der SS-Standartenführer dem Hauptmann Krickwitz einen Champagnerkübel mit Eiswasser über den Kopf.

In diesem Augenblick geht draußen ein Höllenlärm los und einer brüllt: »Die Russen kommen!« Und die griechischen Statuen fangen zu quietschen an, und der SS-Standartenführer fährt rasch in seine Stiefel, und der Hauptmann Krickwitz ist auf einmal ganz nüchtern, und wir kommen noch glücklich bei der Hintertür hinaus, und draußen ist der Teufel los, und wir rennen und rennen, und dann sind wir draußen in den Feldern, und auf einmal bleibt der SS-Standartenführer stehen und schreit mich an: »Halt!« So bleibe ich stehen und er kommandiert: »Gefreiter, ziehen Sie sich die Hose aus!« So sehe ich ihn an und dann sehe ich den Hauptmann Krickwitz an, aber der Hauptmann Krickwitz hat den Feldstecher vor den Augen und sagt: »Sie kommen schon aus dem Wald heraus!« Darauf brüllt mich der SS-Standartenführer nochmals an: »Hören Sie nicht? Ziehen Sie sofort die Hose aus!« Da bemerke ich erst, daß der Herr SS-Standartenführer nur einen Mantel anhat, aber darunter steckt er in seinen Stiefeln wie eine griechische Statue. So seufze ich und ziehe die Hose aus, und er zieht sie an, und dann rennen wir weiter.

Aber wir kommen unter russisches MG.-Feuer, und ich werde vom Hauptmann Krickwitz und dem SS-Standartenführer getrennt, und weil es finster wird, krieche ich in eine leere Hütte und da warte ich und warte, weil ich denke, ich kann ohne Hose nicht weiter. Aber nach einigen Tagen schlage ich mich doch durch zur Truppe, und da höre ich, daß meine Hose von den Russen gefangengenommen worden ist, mit dem SS-Standartenführer drin, und der Hauptmann Krickwitz sagt, er wird mich für das EK 1 eingeben, und wir können stolz sein auf den Geist, der unsere Wehrmacht beseelt.

Und in diesem Sinne, mein vielgeliebtes Weib, grüßt und küßt Dich

Dein Dich liebender Adolf
Gefreiter in Rumänien

43.

21. April 1944

Teure Amalia, vielgeliebtes Weib!

Ich gratuliere Dir aufs herzlichste zu Deiner Ernennung zur Blockfrau und hoffe, daß Du den Führer-Geburtstag in tiefer Dankbarkeit und stiller Rührung begangen hast, und wir sind jetzt in einem rumänischen Dorf einquartiert und alle Häuser sind beflaggt, und auf dem Gemeindeamt hängen sogar zwei Fahnen und dazwischen drei rumänische Bauern, die wo der Obert Maltzahn vorgestern hat aufhängen lassen als warnendes Beispiel für unsere treuen rumänischen Bundesgenossen, und der Hans-Joachim Blitz meint, es ist ein Jammer, schließlich sind es ja auch Menschen und man hätte sie wenigstens zum Führer-Geburtstag herunternehmen sollen, nachher kann man sie ja wieder aufhängen, wenn der Jubel vorüber ist.

Nach der Feier bin ich mit dem Fritz Ziegenbart über die Felder gegangen, und dann legen wir uns ins Gras nieder und der Ziegenbart sagt: wenn man die Straße vor uns weitergeht und weitergeht, da kommt man nach Kottbus, wo er Hilfspostmann war, aber ich antworte: nein, in der Richtung liegt Zwieselsdorf, und der Fritz Ziegenbart sagt: der Leutnant Hanke hat ihm verraten, wir werden vielleicht in der nächsten Zeit Urlaub bekommen, bevor wir an den Atlantikwall geschickt werden wegen der drohenden Invasion. Da meine ich, warum soll man uns denn zum Atlantikwall schicken, wenn man uns am Ostwall braucht, aber ich bin zu müde, um mit dem Ziegenbart zu streiten, und so liegen wir im Gras ... und auf einmal fallen ein paar Tropfen und dann fängt es zu gießen an, und so springen wir auf und laufen durch den Regen, bis wir zu unserem Dorf kommen, und wir stürmen geradewegs in die erste Hütte, und gerade in der Hütte sind der Major Krickwitz und der Leutnant Hanke, und auf einem Tisch vor ihnen liegt eine große Landkarte. Und bevor wir uns noch entschuldigen können, sagt der Leutnant Hanke: »Gefreiter Hirnschal, sehen Sie mal, was Sie mit diesem verdammten Dach machen können, das läßt ja den ganzen Regen durch.« Und da sehe ich, wie das Wasser auf die Landkarte tropft, direkt auf die Ölfelder von Ploesti.

So sage ich: »Herr Leutnant«, sage ich, »das kommt daher, daß das ein flaches Dach aus schäbiger Dachpappe ist. Wir haben genau so ein Dach am Bahnhof in Zwieselsdorf, dort wo steht: ›Für Männer‹, aber dort spielt es natürlich nicht eine so große Rolle, wenn der Regen durchkommt.« Darauf sagt der Major Krickwitz: »Reden Sie nicht lang und halten Sie lieber das verdammte Loch mit dem Finger zu.« So stelle ich mich auf die Zehenspitzen und halte das Loch in der Decke mit dem rechten Daumen zu. Und der Major Krickwitz erklärt, wie wunderbar unser geliebter Führer alles an der rumänischen Front geplant hat, so daß die Russen nicht zu den Ölfeldern von Ploesti durchbrechen können. Aber in dem Augenblick fällt ein großer Wassertropfen mitten auf die Karpaten, und der Leutnant Hanke sagt: »Gefreiter Hirnschal, da ist noch ein Loch. Halten Sie's mal zu.« So halte ich den linken Daumen auf das Loch über den Karpaten, und der Major Krickwitz erklärt, wie genial unser geliebter Führer die Verteidigung der Karpatenpässe organisiert hat. Aber auf einmal beginnt das Wasser auf Italien hinunterzutropfen, und der Major Krickwitz sagt wütend: »Zum Teufel, Gefreiter Hirnschal, warum halten Sie nicht die Löcher zu?« Und ich sage: »Mit Verlaub, Herr Major, ich habe nur zwei Hände.« Da ruft er dem Fritz Ziegenbart zu, er soll das Loch über Italien zuhalten, und so stellt sich der Fritz Ziegenbart neben mir auf die Zehen und hält den rechten Daumen über das neue Loch, aber bevor der Major Krickwitz noch unsere Strategie in Italien erklärt, spritzt der Regen auf Jugoslawien, und der Fritz Ziegenbart drückt rasch seinen anderen Daumen auf das neue Loch. Und ich sage leise zum Fritz Ziegenbart: »Lange kann ich nicht mehr auf den Zehen stehen!« und der Ziegenbart antwortet: »Mit den Partisanen in Jugoslawien werden wir ja im Handumdrehen fertig sein, dann lös' ich dich in Rumänien ab.« Aber da schreit der Major Krickwitz aufgeregt: »Donnerwetter, haben Sie denn keine Augen? Da regnet es ja mitten ins Generalgouvernement hinein!« Und richtig, Lemberg war schon ganz ersoffen. So sagt der Leutnant Hanke nervös: »Wir haben keine Hände mehr in Reserve, Herr Major. Ich werde mal auf die Straße gehen, vielleicht treibe ich noch ein paar Mann auf.« Und so läuft er hinaus vor die Hütte, und der Major Krickwitz sagt: »Gefreiter Hirnschal, vielleicht ist an der rumänischen Front alles sicher. Nehmen Sie mal die rechte Hand dort weg und halten Sie das neue Loch bei Lemberg zu.« Aber kaum nehme ich die Hand fort, steht schon ganz Rumänien unter Wasser, und der Major Krickwitz brüllt: »Zurück, zurück! Zuhalten!! – Donnerwetter, jetzt geht es auch im Norden los!« Aber da ist auch schon der Leutnant Hanke zurück und keucht: »Kein Mann mehr aufzutreiben, Herr Major.« Und der Major Krickwitz stöhnt: »Keine Reserven mehr! Keine Reserven! Leutnant, riegeln Sie selbst diese zwei neuen Durchbrüche ab!« So sage ich: »Herr Major, bitte melden zu dürfen, lange halte ich es nicht mehr aus. Der linke Arm ist mir schon eingeschlafen und der rechte ist rheumatisch. Unser geliebter Führer war immer gegen den Zweifrontenkrieg.« Aber der Major Krickwitz sagt: »Tut mir leid. Ich kann Sie nicht ablösen. Ich muß mich in Reserve halten, wenn's im Westen losgeht.« Da schreit der Leutnant Hanke: »Es spritzt auf die Reichshauptstadt!« Und der Major Krickwitz ist ganz rot im Gesicht und brüllt: »Terrorangriffe! Jäger abziehen vom Osten!« Und dann stellt er sich auf eine Marmeladekiste, weil er sehr klein ist, und hält das Loch über der Reichshauptstadt zu.

So sage ich zum Major Krickwitz: »Herr Major«, sage ich, »es wird Herrn Major sicher interessieren: ich habe gerade im ›Völkischen Beobachter‹ gelesen, daß die Engländer furchtbar nervös sind wegen der Invasion. Wir Deutschen sind zum Unterschied von den Engländern gar nicht nervös. Auch das steht im ›Völkischen Beobachter‹.« Da schreit der Leutnant Hanke: »In Dänemark rührt sich's!« So hält der Major Krickwitz die andere Hand auf das neue Loch und schreit: »Was ist mit Südfrankreich und Oberitalien!« Darauf stöhnt der Leutnant Hanke: »Wir haben keine Reserven mehr!« So kommandiert der Major Krickwitz: »Rumänien räumen!« Und wie ich dort die Hand wegziehe, kommt eine ganze Flut herunter. Wir springen hin und her, um die Löcher zu stopfen, aber im nächsten Augenblick stürzt ein wahrer Wasserfall auf Frankreich und Belgien und Holland, und es kracht und donnert, und das ganze Dach bricht zusammen auf die Festung Europa.

Und in diesem Augenblick wache ich auf und merke, ich habe das alles nur geträumt, und wir liegen noch immer auf der Wiese, und der Fritz Ziegenbart schläft friedlich neben mir, aber der Regen war Wirklichkeit, und unsere Uniformen sind schon ganz durchnäßt. So wecke ich den Fritz Ziegenbart und wir wandern ins Dorf zurück, und wie wir wieder in dem Haus sind, wo sie uns einquartiert haben, ziehen wir unsere nassen Uniformen aus, und wir hören gerade, wie der Dr. Goebbels im Rundfunk sagt: »Die ganze zivilisierte Menschheit wird unserem geliebten Führer einmal danken müssen«, da sagt der Leutnant Hanke: »Nun, das ist aber schön, jetzt machen sie da draußen gar Musik zur Feier des Führer-Geburtstages.« Da meint der Hans-Joachim Blitz: »Herr Leutnant«, sagt er, »das ist keine Musik, das sind die drei gehängten rumänischen Bauern, die wo da draußen im Wind baumeln, die schlagen immer gegen die Fensterscheiben.« Und so treten wir zum Fenster und sehen hinaus, aber in der Dämmerung können wir nicht mehr recht unterscheiden, was die deutschen Fahnen sind und was die rumänischen Bauern.

Und in diesem Sinne, mein vielgeliebtes Weib, grüßt und küßt Dich

Dein Dich liebender Adolf
Gefreiter in Rumänien

44.

22. Mai 1944

Teure Amalia, vielgeliebtes Weib!

Teile Dir mit, daß wir auf der Fahrt nach dem Westen sind, und zuerst hat es geheißen, wir bekommen eine Woche Heimaturlaub, aber dann ist nichts draus geworden, und Du kannst Dir die Aufregung vorstellen, und wir sind schon im Zug gesessen, da meint der Hans-Joachim Blitz: »Wahrscheinlich haben sie Angst, daß wir ein paar fette Parteibonzen über den Haufen schießen, wenn wir nach Hause kommen!« Daraufhin nehme ich die letzte Nummer der Frontzeitung aus der Tasche und lese mit erhobener Stimme: »Wer das Vertrauen der kämpfenden Truppe dadurch untergräbt, daß er in den rückwärtigen Gebieten ein Drohnenleben führt, während die Front schwere Blutopfer bringt, begeht Landesverrat ...«

Da streckt der Leutnant Hanke den Kopf ins Abteil und brüllt: »Gefreiter Hirnschal, ich verbiete diese niederträchtige bolschewistische Lügenpropaganda. Die gemeine Hetze gegen die Hoheitsträger der Partei muß endlich aufhören!« So sage ich sehr höflich: »Herr Leutnant, diese Sätze sind aus einem Artikel, den wo unser über alles geliebter Propagandaminister geschrieben hat.« Darauf stottert der Leutnant Hanke ganz verdutzt: »Es war ein Mißverständnis« und nimmt mir die Zeitung aus der Hand.

»Herr Leutnant«, sage ich, »es ist hier dieser Artikel mit der Überschrift: ›Ein Wort zum Thema Etappe‹, und es stehen auch sonst sehr saftige Sachen drin über die Etappenschweine, zum Beispiel hier über die ›kriegsverwendungsfähigen Männer, die wo sich Druckposten in der Etappe verschafft haben‹, und die wo ›die Verachtung aller anständigen Soldaten verdienen‹. Aber andererseits haben Herr Leutnant natürlich recht, man soll unsere armen Parteibonzen endlich in Ruhe lassen, sie können einem ja wirklich leid tun, wie so von allen Seiten auf ihnen herumgehackt wird, und jetzt geht auch noch unser geliebter Propagandaminister auf sie los. Aber zum Glück wissen ja die

Herren Hoheitsträger, daß das nicht ernst gemeint ist und daß der Dr. Goebbels das nur als Augenauswischerei gemeint hat, wegen der allgemeinen Volksstimmung. Man muß nur daran denken, was für eine Verantwortung so ein Parteibonze trägt gegenüber seiner Familie, besonders wenn die Frau Gemahlin an ein großes Leben gewohnt ist, mit viel Dienerschaft und schönen Banketten, da muß man rechtzeitig Vorsorge treffen für die Zukunft. Und dann, Herr Leutnant, hat so ein armer Hoheitsträger vielleicht auch einige Kunstschätze aus Holland oder Italien in seine Obhut genommen, natürlich im Interesse der europäischen Kultur, und man kann sich leicht vorstellen, was das für Sorge macht bei den Terrorangriffen.« Da sagt der Leutnant Hanke: »Ich verstehe Sie nicht ganz.« Und so fahre ich fort: »Da kenne ich zum Beispiel einen gewissen Theoderich Rüdiger Basedow, der wo einen kleinen Laden in Zwieselsdorf hat. Dieser Basedow ist das älteste Parteimitglied im Bezirk Zwieselsdorf, und er ist ein so begeisterter Nationalsozialist gewesen, daß er am ersten Jahrestag der Machtergreifung eine Büste unseres geliebten Führers in das Schaufenster gestellt hat, die wo ganz aus erstklassiger Kernseife gemacht war und die wo eine so große Ähnlichkeit mit dem Original gehabt hat, daß immer ein, zwei Dutzend Menschen vor dem Fenster standen, und der Basedow hat geschworen, er wird sich bis zu seinem Tode nicht von der Statue trennen. Wie aber die Seife immer knapper geworden ist, da hat er in ständiger Angst gelebt, daß ihm jemand den geliebten Führer stehlen und in Stücke schneiden und schmutzige Hemden und Socken damit waschen könnte, und so hat er die Statue in eine Dachkammer eingeschlossen und einen doppelten Riegel und ein Vorhängeschloß angebracht, und außerdem hat er einen scharfen Wachhund angeschafft. Aber es hat ihm alles nichts genutzt, denn durch das Dach ist der Regen und der Wind durchgekommen, und wie der Basedow einmal die Dachkammer geöffnet hat, war sie von oben bis unten voll Seifenblasen, und das war alles, was von unserem geliebten Führer übriggeblieben ist. Wenn also schon der Basedow solche Sorgen mit seiner Statue gehabt hat, wieviel größere Unannehmlichkeiten müssen erst die armen Parteibonzen mit den italienischen und flämischen Meistern haben, die wo sie in ihre Villen gebracht haben.«

Darauf sagt der Leutnant Hanke: »Das ist sehr schön, Gefreiter Hirnschal, daß Sie sich so warm für die Partei einsetzen, aber ich weiß noch immer nicht genau, worauf Sie abzielen.«

Aber bevor ich noch antworten kann, bleibt der Zug mit einem Ruck stehen und es gibt Fliegeralarm und wir klettern hinaus und rollen den Bahndamm hinunter und bleiben unten in einem Wassergraben liegen, und wie ich aufblicke, liegt der Leutnant Hanke neben mir.

So sage ich ihm: »Herr Leutnant dürfen nicht die vielen anderen Sorgen vergessen, die wo so ein Hoheitsträger der Partei hat. So ein Mann hat vielleicht zehn hochbezahlte Posten zu betrauen und dabei muß er sich die Füße ablaufen, damit er vom Arzt bestätigt bekommt, daß er und seine Söhne und seine Neffen nicht kriegsverwendungsfähig sind, weil er und seine Söhne und Neffen Magengeschwüre haben.«

In diesem Augenblick donnert ein Dutzend Flugzeuge über uns und wir pressen uns in den Graben. Wie sie vorbei sind, sagt der Leutnant Hanke: »Amerikaner. Warten wir ein wenig, vielleicht kommen sie zurück.«

So fahre ich fort: »Ich will natürlich nicht behaupten, daß nur die höchsten Hoheitsträger ihre Sorgen haben. Auch die kleinen Bonzen bringen Opfer, Herr Leutnant. Da erinnere ich mich zum Beispiel an einen gewissen Fridolin Flakmeier, der wo Lehrer ist an der städtischen Volksschule für Knaben und Mädchen in Zwieselsdorf. Dieser Flakmeier hat immer alle Leute auf der Straße mit erhobenem Arm und lautem ›Heil Hitler!‹ gegrüßt, bis ihm vor sechs Monaten jemand in der Verdunkelung ein Messer in den Rücken gerannt hat. Nachdem er dann aus dem Krankenhaus entlassen war, hat er immer ganz undeutlich etwas gemurmelt, wenn er einem Bekannten auf der Straße begegnet ist. Daraufhin hat sich jemand bei der Partei beschwert, daß der Flakmeier einen Mangel an kämpferischer Haltung zeigt, weil er nicht mit erhobenem Arm den deutschen Gruß leistet. Um also ganz auf ›Nummer Sicher‹ zu gehen, trägt er seither den rechten Arm in einer Schlinge.«

In diesem Augenblick springt der Hanke auf und schreit: »Der Zug fährt!« und wir klettern so schnell wir können den Bahndamm hinauf und können gerade noch keuchend in den Zug springen, sonst wäre ich am Ende noch zu spät an die Westfront gekommen.

Und in diesem Sinne, mein vielgeliebtes Weib, grüßt und küßt Dich

Dein Dich liebender Adolf
Gefreiter, auf der Fahrt nach dem Westen

45.

6. Juni 1944

Teure Amalia, vielgeliebtes Weib!

Leider kann ich Dir heute nicht so ausführlich schreiben wie ich möchte, denn, wie Du weißt, ist es jetzt richtig im Westen losgegangen und auch bei uns gibt es große Aufregung, obwohl wir fünfzig Kilometer von der Küste entfernt liegen, und ich werde Dir erklären wieso.

Also wir sind in einer Kirche einquartiert, die wo auf einem Hügel liegt, aber der Hochaltar ist nicht mehr da und an Stelle der Bänke ist Stroh zum Schlafen aufgeschüttet, und die Glokken sind schon längst abgeholt und eingeschmolzen worden. Und heute früh kommt ein Kerl auf einem Motorrad angefahren, den wo ich vorher noch nicht gesehen hatte, und zuerst unterhält er sich mit dem Oberleutnant Hanke, und dann setzt er sich neben mich und sagt, er ist der PK.-Berichter Oberfeldwebel Tülff von Tscheppe und Bockelberg, und er will sich über die Stimmung der Truppe unterrichten. Und dann sagt er, er freut sich schon auf die Invasion, denn am Atlantikwall werden sich die Anglo-Amerikaner blutige Köpfe holen. So frag' ich ihn, woher er das weiß, und er antwortet, der Generalfeldmarschall Rommel hat persönlich den Atlantikwall inspiziert und hat erklärt: »Die Gegner werden sich blutige Köpfe holen, wenn sie den Angriff auf den gewaltigsten Festungswall aller Zeiten wagen.« Und dann setzt er mir des langen und breiten auseinander, was für ein wunderbares Verteidigungswerk der Atlantikwall ist, mit seinem tiefen Netz von Befestigungen, Minenfeldern, Panzersperren, Flakstellungen, Pakständen, MG-Nestern, Bunkern usw. usw., und wie selbst jeder Quadratmeter der Küstengewässer und des Strandbodens unter Kreuzfeuer genommen werden kann, und wie demzufolge jeder Invasionsversuch der Anglo-Amerikaner mit vollkommener Sicherheit zum Scheitern verurteilt ist.

Nach dieser Rede klopft er mir befriedigt auf die Schulter und wandert zum Hans-Joachim Blitz hinüber, der wo sich gerade auf dem Stroh ausgestreckt hat. Und ich gehe hinaus vor die Kirche, wo der Fritz Ziegenbart Wache steht, und sehe draußen auf die Felder und die Wolken, und über uns summt und dröhnt es ununterbrochen und der Fritz Ziegenbart sagt: »Das geht so immer weiter, Hirnschal. Die müssen ja tausende und tausende Flugzeuge in der Luft haben.« Und dann stehen wir einige Minuten still und hängen unseren Gedanken nach, bis der Fritz Ziegenbart sagt: »Wenn man nur denkt, wie viele schon umgekommen sind: der Kröpelin und der Schmidt, der Dienkopp und der Buchterkirch, der lange Katting und der Natoschek und alle die andern. Und wenn man überlegt, wie viele noch ins Gras beißen müssen, bevor Schluß gemacht wird ...« Und ich höre ihn an und sage gar nichts. So stützt sich der Fritz Ziegenbart auf sein Gewehr und sagt: »Wenn man nur wüßte, wofür wir eigentlich kämpfen, Hirnschal.« Darauf antworte ich nachdrücklich: »Unser über alles geliebter Propagandaminister hat gesagt, wir kämpfen für die Kultur der Menschheit!« Da fragt der Fritz Ziegenbart: »Und was ist das, die Kultur der Menschheit?« Und ich erwidere: »Das weiß ich nicht. Aber ich kann dir sagen, was heute deutsche Kultur ist, Fritz Ziegenbart.« So fragt er: »Also was ist deutsche Kultur, Hirnschal?« Und ich räuspere mich und sage: »Deutsche Kultur ist deutsche Kunst und Wissenschaft. Und was das ist, habe ich vor kurzem in einem Artikel in der ›Deutschen Allgemeinen Zeitung‹ gelesen, der wo mir so gut gefallen hat, daß ich ein paar Sätze auswendig gelernt habe.« Und dann wiederhole ich ihm wörtlich, was ich in dem Artikel gelesen habe: »Das Strammstehen ist eine Kunst, um die sich heute mehr Männer als je zuvor in Deutschland bemühen. Daß es extra geübt werden muß, läßt erkennen, daß Stillstehen nicht leicht und dem Menschen nicht angeboren ist. Folgendes sagt die Wissenschaft vom Strammstehen: ›Es ist ein wunderbares Zusammenarbeiten von Nerven, Muskeln, Nervenzentren und Überwachungsorganen, der wir die aufrechte Haltung verdanken. Könnten wir alle Muskeln beobachten, die angespannt werden, wenn der Mensch wirklich strammsteht, dann würden wir wohl an die dreihundert zählen können.‹«

Darauf sieht mich der Fritz Ziegenbart an und meint: »Also ist das du Kultur, für die wo wir kämpfen, Hirnschal? Dann möchte ich lieber gleich Schluß machen.« Da höre ich einige Sekunden lang ein Summen im Himmel an und sage: »Unser geliebter

Führer hat gesagt, wir müssen weiterkämpfen bis fünf Minuten nach zwölf.« Und der Fritz Ziegenbart antwortet ganz leise: »Ich hab' genug, Hirnschal. Es hat keinen Sinn mehr. Wenn es erst mal zwölfe schlägt, dann werfe ich das Gewehr weg, dann ist der Krieg für mich zu Ende.« Und ich schüttle den Kopf und sage: »Wie sollen wir wissen, wann es zwölf geschlagen hat? Wir wissen gar nichts, Fritz Ziegenbart. Wir wissen nicht, wie es um uns steht. Der Rommel sagt, der Atlantikwall ist unüberwindlich. Wissen wir, ob er recht hat? Wissen wir, ob er meint, was er sagt? Wir wissen gar nichts. Wir sind Menschen, aber wir können nicht mehr tun, was wir wollen, wir können nicht mehr denken, was wir wollen, und wir wissen nicht, was wir wollen. Wir haben Hirne, aber es ist kein Denken und kein Wissen mehr darin. Wir wissen nicht, wieviel es geschlagen hat. Es ist wie mit diesem Kirchturm hier – der Turm steht, aber es sind keine Glocken mehr darin.«

Aber kaum habe ich das gesagt, so sperre ich vor Schrecken den Mund auf und der Fritz Ziegenbart läßt das Gewehr fallen. Denn im Turm fangen auf einmal die Glocken zu läuten an, und die Luft dröhnt und die Erde zittert und die Kameraden springen von den Strohsäcken auf und stürzen aus der Kirche und schreien: »Sie läuten! Sie läuten!« Und der Oberleutnant Hanke kommt bleich heraus und befiehlt, ein Maschinengewehr auf den Turm einzustellen, aber das Läuten geht weiter und weiter, und der PK-Berichter Oberfeldwebel Tülff von Tscheppe und Bockelberg kommt fluchend heraus und ruft: »Zum Teufel, haben Sie denn noch nie Glocken läuten gehört?« Und ich trete vor und sage: »Herr Oberfeldwebel – wir haben noch nie Glocken läuten hören, die wo nicht da sind.«

In diesem Augenblick hört das Glockenläuten auf und wir hören das Telephon klingeln, und eine Minute später kommt der Oberleutnant Hanke zu uns, und seine Lippen sind ganz schmal und blaß, und er sagt: »Die Invasion hat begonnen. Die Anglo-Amerikaner sind gelandet.«

So wissen wir also jetzt, wieviel es geschlagen hat. Und in diesem Sinne, mein vielgeliebtes Weib, grüßt und küßt Dich

Dein Dich liebender Adolf
Gefreiter im Westen

46.

21. Juli 1944

Teure Amalia, vielgeliebtes Weib!

Du kannst Dir die Aufregung nicht vorstellen, die wo es jetzt bei uns gibt wegen dem Anschlag auf unseren geliebten Führer, und der Hans-Joachim Blitz meint, man sollte es nicht glauben, wie plötzlich uns so ein Schicksalsschlag treffen kann, und wenn der Attentäter seine Aktenmappe nur einen Schritt weiter rechts oder einen Schritt weiter links niedergestellt hätte, dann hätten wir vielleicht heute schon den schönsten Frieden, aber zum Glück hat die Vorsehung diese Katastrophe verhindert.

Und gerade wie er das sagt, kommt der Oberleutnant Hanke und hält eine kurze Ansprache, wo er erklärt, es ist ein großes Wunder geschehen und das ist ein Beweis, daß die Vorsehung auf unserer Seite ist, und das ganze deutsche Volk steht geschlossen hinter unserem geliebten Führer, und wir werden siegen mit Hilfe des Führers, der Vorsehung und der neuen V-Waffen.

Und wie wir dann wieder unter uns sind, sagt der Jaschke: »Hirnschal«, sagt er, »was hat es denn noch für einen Sinn weiterzukämpfen, wenn selbst die Generäle schon Schluß machen wollen? Die müssen doch am besten wissen, wie es in Wirklichkeit um uns steht.« Und ich sage: »Du hast doch gehört, Emil. Das deutsche Volk steht geschlossen hinter unserem geliebten Führer, und solange wir den Führer haben, geht der Krieg weiter.«

Da wird der Jaschke ganz nachdenklich und sagt: »Weißt du, Hirnschal, wenn es nur der Führer wäre, ja dann wäre es nicht so schwer. Aber es sind ja auch alle anderen, der Himmler und Göring und Goebbels und Ley und alle die anderen Parteibonzen, von den Gauleitern hinunter bis zu den Blockwarten, die hängen doch zusammen wie die Kletten. Darum ist die ganze Geschichte so schwer.«

So sehe ich mich vorsichtig um, und wie ich merke, die Luft ist rein, sage ich: »Jaschke, wie du das jetzt so gesagt hast, erinnerst du mich an einen gewissen Theodorich Zwanzig, der wo ein weltberühmter Schaubudenbesitzer in Zwieselsdorf war. Dieser Zwanzig war ein so begeisterter Nationalsozialist, daß er zur Feier der Machtergreifung einen Spiegel-Irrgarten bauen ließ, der wo die Form eines Hakenkreuzes gehabt hat. In diesem Irrgarten waren nicht nur alle Wände aus Spiegeln, sondern auch der Fußboden und die Decke, und über die Eingangstür hat der Zwanzig ein überlebensgroßes Bild von unserem geliebten Führer hängen lassen. Wie alles fertig war, ist der Zwanzig selbst hineingegangen, und da sind ihm vor Begeisterung fast die Augen herausgefallen, denn wo immer er hingeblickt hat, hat er sich selbst gesehen und dahinter ist immer unser geliebter Führer überlebensgroß gestanden und hat auf ihn niedergestarrt. Und wenn der Zwanzig die Hand zum Hitlergruß gehoben hat, haben auch alle die Spiegelbilder den Hitlergruß geleistet. So hat der Zwanzig angefangen abzuzählen, wie viele Spiegelbilder er sieht, und wie er nach rechts geblickt hat, haben auch alle anderen Zwanzig nach rechts geblickt, und wenn er nach links getreten ist, sind tausende Zwanzigs ebenfalls nach links getreten. Kurz und gut, er hat ausgerechnet, daß über sechzig Millionen da waren und vor lauter Begeisterung hat er ›Sieg Heil!‹ gerufen und im selben Augenblick haben sechzig Millionen ›Sieg Heil!‹ geschrieen, und unser geliebter Führer hat von allen Wänden auf die sechzig Millionen niedergeblickt, und der Zwanzig ist ganz schwindlig geworden und hat weitergezählt und da waren es schon achtzig Millionen, und rechts und links und vorn und hinten und oben und unten hat unser geliebter Führer auf ihn gestarrt, und wenn er weitergehen wollte, ist ihm unser geliebter Führer gefolgt; der Führer war überall und überall, so daß der Zwanzig sich nicht mehr getraut hat, sich die Nase zu schneuzen. Und dem Zwanzig ist immer schwindliger geworden und er ist gegen einen Spiegel gerannt und dabei ist er mit einem anderen Zwanzig zusammengestoßen und auf allen Seiten sind alle die anderen ebenfalls zusammengestoßen. Da hat er zu schreien begonnen: »Mehr Raum!« hat er geschrieen und ist weitergewankt und alle anderen mit ihm, und wo er war, da war auch der Führer und hat ihn beobachtet. Da hat der Zwanzig auf einmal furchtbare Angst bekommen und hat davonlaufen wollen, aber er hat den Ausgang aus dem Irrgarten nicht gefunden. Er hat zu schreien begonnen und mit ihm haben alle die anderen Zwanzigs den

Mund aufgerissen, aber gehört hat er nur sich selbst und er ist mit dem Kopf gegen einen Spiegel gerannt und hat sich die Stirn blutig geschlagen und die Millionen Zwanzigs haben geblutet, und da ist er zusammengeknickt und ist auf den Knien weitergekrochen und alle anderen waren auf den Knien, und überall war der Führer riesengroß über ihnen, und so ist es stundenlang gegangen und zum Schluß war er halbtot, da hat er endlich das Bild des Führers über der Tür gefunden.

Da hat er sich aufgerichtet und den Führer heruntergerissen und auf den Boden geschleudert. Und im gleichen Augenblick sind alle die anderen Hitler, die Neben-Hitler und Unter-Hitlers verschwunden, und vor ihm war der Ausgang, den wo das Hitler-Bild verstellt hatte. Da ist er hinausgestürzt in die freie Luft.«

Aber ich bin kaum fertig mit meiner Geschichte, da gibt es Fliegeralarm und gleich darauf krachen die Bomben nieder und eine ist ein Volltreffer, und wie wir nach den Toten und Verwundeten suchen, da finden wir, es hat auch den armen Hans-Joachim Blitz erwischt und es ist aus mit ihm.

Und wie der Jaschke und ich vor ihm stehen, da sage ich: »Er hat gehinkt, aber er war ein gerader Kerl, Emil.« Und der Jaschke hat einen Gesichtsausdruck, wie ich ihn noch nicht geseh'n habe, und seine Stimme ist ganz heiser wie er sagt: »Ja, heute ist's er. Und morgen bin vielleicht ich es. Und übermorgen du, Hirnschal.« Und ich sage: »Ja, Emil, so ist's. Viele Zehntausende, die wo heute noch am Leben sind, werden elend krepieren, so wie der Hans-Joachim Blitz. Und viele Städte, die wo heute noch stolz und schön sind, werden in Schutt und Asche gelegt werden. Und viele Frauen und Kinder werden verhungern und an Seuchen sterben. Und das alles nur, weil eine Aktenmappe nicht einen Schritt weiter rechts oder einen Schritt weiter links gestanden ist. Wenn das die Vorsehung so gewollt hat ...«

Und in diesem Sinne, mein vielgeliebtes Weib, grüßt und küßt Dich

Dein Dich liebender Adolf
Gefreiter im Westen

47.

10. Januar 1945

Teure Amalia, vielgeliebtes Weib!

Hoffe, daß Dich mein letzter Brief gesund angetroffen hat, und teile Dir mit, daß es uns gut geht, weil wir in einer warmen Stube sitzen und das ist ein großes Glück, nachdem wir eine Woche lang im Schnee und Eiswasser gelegen sind. Der Jaschke hat leichte Erfrierungen und der Fritz Ziegenbart schält sich gerade die Socken von den Füßen, da kommt der NS-Führungsoffizier Oberleutnant Wettengel herein und sagt, er will die Gelegenheit benutzen, wo wir unsere Unterwäsche trocknen, um uns weltanschaulich aufzuklären, und dann hält er eine schwungvolle Rede, wo er sagt: »Jetzt wissen wir bestimmt, daß wir diesen Krieg gewinnen werden. Und warum? Weil wir ihn voriges Jahr noch nicht verloren haben. Und so schließe ich denn mit den schönen Worten unseres geliebten Reichsministers Dr. Ley: ›Führer, wir danken Dir für Deine Standhaftigkeit, Deine Unverzagtheit und Deine nie erlahmende Kraft!‹.«

Und gerade in diesem Augenblick fängt der Willibald Zackig zu kotzen an.

Darauf läuft der Oberleutnant Wettengel rot an vor Wut und so trete ich schnell vor und sage: »Herr Oberleutnant müssen das dem Zackig nicht übelnehmen. Unsereins kann's ja unterdrücken, wenn's uns zum Kotzen ist, aber beim Zackig ist es unwiderstehlicher Zwang.«

Da starrt mich der Oberleutnant Wettengel mit einem grimmigen Ausdruck an, und so fahre ich schnell fort: »Das war sehr schön und tapfer von Herrn Oberleutnant, daß Herr Oberleutnant das gesagt hat vom ›Führer, wir danken Dir!‹ Ich stelle das um so nachdrücklicher fest, Herr Oberleutnant, weil ich mich daran erinnere, was einem gewissen Ekkerich Dillekamp passiert ist, der wo eines der ältesten Parteimitglieder in Düsseldorf ist. Im Sommer 1940, wie unser geliebter Führer verkündet hat: ›Der Krieg im Westen ist beendet‹, da hat dieser Dillekamp ein großes Banner gemalt mit der Aufschrift ›1939/40: Wir danken unserem Führer!‹, und dieses Banner hat er selbst beim Triumphzug nach dem Endsieg tragen wollen. Dann aber, wie der Führer gesagt hat, das Jahr 1941 wird das Jahr des Endsieges sein, da hat er das 1940 übermalt mit 1941 und ein Jahr später mit 1942 und dann mit 1943 und dann mit 1944. Aber bevor er das Datum wieder ändern konnte, ist sein Haus von einer Bombe getroffen worden und wie der Terrorangriff vorüber war, da ist mitten auf dem Trümmerhaufen das Banner gelegen mit den Worten: ›Wir danken unserem Führer!‹ Nun – und die Gestapo hat geglaubt, der Dillekamp will sich über unseren geliebten Führer lustig machen, und so sitzt er jetzt schon drei Monate im KZ.« Und dann schließe ich mit den Worten: »Und so war es besonders mutig vom Herrn Oberleutnant, daß der Herr Oberleutnant gesagt hat: ›Führer, wir danken Dir!‹«

Und gerade in diesem Augenblick fängt der Willibald Zackig wieder zu kotzen an. Da springt der Oberleutnant Wettengel auf und brüllt den Zackig an, er soll augenblicklich mit ihm aus der Stube kommen. Und darauf erzähl' ich dem Fritz Ziegenbart die ganze Geschichte vom Willibald Zackig.

Dieser Zackig ist nämlich ein berühmter Schwertschlucker, der wo am Tage der nationalsozialistischen Machtergreifung vor lauter Begeisterung zwei Schwerter auf einmal verschluckt hat, und dabei hat er sich ein unheilbares Magenleiden zugezogen und ist darum jahrelang als ›felddienstuntauglich‹ zurückgestellt worden. Aber vorigen Sommer haben sie ihn auf einmal geholt, und wie er angibt, er ist Schwertschlucker, da erklären sie ihm, da kann er ja sofort an die Front abgehen, und wie er erklärt, er hat doch ein unheilbares Magenleiden und darf nur Weißbrot essen, da sagt der Doktor, er kommt eben in das Magen-Bataillon, wo nur Magenkranke sind, die alle Diät haben müssen, und ob er nicht vielleicht auch einen Herzklappenfehler hat, da könnte er in das Bataillon aufgenommen werden, das wo für Herzkranke reserviert ist, und das ist der beste Beweis dafür, was für eine wunderbare Sache unsere Wehrmacht geworden ist, weil es doch schon fast für jede Krankheit eine eigene Abteilung gibt. Und so hat der Willibald Zackig sein KV. bekommen, aber irrtümlicherweise ist er anstatt in das Magen-Bataillon in das Ohren-Bataillon gesteckt worden, wo es lauter Taube und Schwerhörige gab, die wo natürlich keine Diät brauchen. Darauf hat sich der Zackig beim Feldwebel gemeldet und hat ihm erklärt, laut ärztlichem Attest darf er nur Nudeln,

Grieß und Weißbrot essen. Darauf sagt ihm der Feldwebel, er soll lauter sprechen, er kann ihn nicht verstehen, und so hat ihm der Zackig ins Ohr geschrieen, er verträgt nur Weißbrot, und der Feldwebel antwortet, er hat ganz recht, er scheißt auch schon auf den ganzen Krieg. Da brüllt er dem Feldwebel ins andere Ohr, er hat ihn nicht richtig verstanden und er verträgt auch Kohl nicht, und darauf drückt ihm der Feldwebel die Hand und sagt, er hat vollkommen recht, in der letzten Rede hat der Führer einen furchtbaren Kohl zusammengeredet.

So ist der Zackig im Ohren-Bataillon geblieben, und am nächsten Tag sind sie schon eingesetzt worden und gleich zu Beginn ist der Leutnant verwundet worden, der wo der einzige in der ganzen Truppe war, der wo richtig gehört hat, und so sind die Schwerhörigen und Tauben weitermarschiert und haben den Feind nicht kommen hören und alle sind bis zum letzten Mann gefangengenommen worden, mit Ausnahme vom Zakkig, der wo sich rechtzeitig versteckt hat. Dann ist er zu uns ins Bataillon gekommen, aber natürlich bekommt er da keine Diät.

Wie ich das dem Fritz Ziegenbart erzählt habe, gehe ich aus der Stube und draußen steht der Willibald Zackig und ist ganz grün im Gesicht und der Oberleutnant Wettengel brüllt ihn gerade an: »Im Nationalsozialismus gibt es keine Magengeschwüre!«

Und in diesem Sinne, mein vielgeliebtes Weib, grüßt und küßt Dich

Dein Dich liebender Adolf
Gefreiter im Westen

48.

24. Januar 1945

Teure Amalia, vielgeliebtes Weib!

Habe eben Deinen Brief erhalten und freue mich, daß der liebe Onkel Joachim jetzt beim Volkssturm ist; der wird die Russen bestimmt aufhalten, und bitte, schreibe mir nur, ob ihn die liebe Tante Mathilde immer im Rollstuhl aus dem Altersheim zu den Volkssturmübungen hinausfährt; und der Fritz Ziegenbart meint, wenn das so weitergeht, werden sie bald die Toten aus den Gräbern herausholen, damit sie weiterkämpfen, und dann hätte unser geliebter Führer endlich genug Soldaten.

Wie wir uns so unterhalten, stehen wir gerade vor dem Offizierskasino Wache auf Befehl vom Oberleutnant Wettengel, der wo unser NS-Führungsoffizier ist. Der Wettengel hat nämlich in unserem neuen Quartier einige Freunde von der SS getroffen, die wo zwei Kisten Champagner aus Paris und sechs Damen hergebracht haben, und jetzt feiern sie schon die vierte Nacht im Offizierskasino den bevorstehenden zwölften Jahrestag der Machtergreifung, und wir müssen Wache halten, damit sie nicht gestört werden. Die erste Nacht ist auf einmal der Halfpap zu uns gekommen, der wo unser Funker ist, und hat uns zugeflüstert: »Die Russen sind in Tilsit.« Und die nächste Nacht ist er gekommen und hat gesagt: »Die Russen sind in Tannenberg.« Und wieder die nächste Nacht hat er uns gemeldet: »Sie sind schon in Insterburg und Allenstein.«

Und letzte Nacht stehen wir wieder vor dem Eingang von dem Kasino, und mir ist gerade eine leere Champagnerflasche auf den Stahlhelm geflogen, die wo einer durch das Fenster geworfen hat, und der Fritz Ziegenbart pfeift die Tanzmusik mit, die wo man von drinnen hört, da kommt der Oberleutnant Wettengel heraus. Er duftet kilometerweit nach Alkohol und sagt: er muß an die frische Luft, weil ihm übel ist, und dann erklärt er, er muß schwerkrank sein, denn jedesmal wenn er jetzt eine Landkarte ansieht, kriegt er einen Schüttelfrost.

»Herr Oberleutnant«, sage ich darauf, »das ist jetzt eine sehr weitverbreitete Krankheit, und es dürfte eine Epidemie sein, die wo aus Rußland eingeschleppt worden ist.« Darauf starrt mich der Oberleutnant Wettengel mit glasigen Augen an und sagt: »Nicht schlappmachen, Gefreiter Hirnschal. Wenn wir noch den Kaiser hätten, da wär' schon längst Schluß, aber wir Nationalsozialisten kämpfen, solange noch ein deutscher Mann und eine deutsche Frau am Leben ist. Denn wir wissen, daß wir siegen werden, weil wir die Partei haben und unseren geliebten Führer.« Und dann macht er sich den Kragen auf und ruft uns zu: »Kameraden, haltet Wacht! Ihr hütet Deutschlands heiligste Güter! Das ganze deutsche Volk hält so Wacht im Namen des Führers!« In diesem Augenblick brüllt der SS-Hauptsturmführer Knöpfke aus 'm Fenster, er soll gefälligst die Tür zumachen, sonst erkälten sich die Damen, und der Oberleutnant Wettengel geht wieder hinein und schreit: »Schluß mit der Tanzmusik! Spielt ein Kampflied der Bewegung!« Und der SS-Untersturmführer Kammerlocher brüllt: »Jawohl, spielt ›Die Wirtin an der Lahn‹!« Im nächsten Augenblick aber hören wir 'ne Schallplatte spielen: »Von Finnland bis zum Schwarzen Meer ...« – und da kommt wieder der Halfpap zu uns durch den Schnee gestapft und sagt: »Hirnschal, die Russen haben Bromberg genommen.« Und oben singen der SS-Hauptsturmführer Knöpfke und der SS-Untersturmführer Kammerlocher im Chor: »Von Finnland bis zum Schwarzen Meer.« Und die Damen rufen: »Bravo! Heil Hitler!« Und dann singen sie alle zusammen: »Heute gehört uns Deutschland, morgen die ganze Welt!« Und da kommt der Halfpap nochmals zu uns und sagt ganz heiser: »Hirnschal, die Russen sind schon an der Oder.«

Darauf gibt mir der Fritz Ziegenbart einen Stoß und sagt: »Hirnschal, wie lang soll denn das noch weitergehen? Soll denn ganz Deutschland ein Trümmerhaufen werden? Wozu haben wir denn erst Europa erobert, wenn jetzt die Tommies am Rhein stehen und die Russen an der Oder? Was haben wir von unseren ganzen Eroberungen gehabt?« Da spuckt der Halfpap in den Schnee und sagt: »Ich werde dir sagen, was wir von den Eroberungen gehabt haben: In Norwegen sind uns die Zähne rausgefallen – wegen Vitaminmangels. In Italien haben wir den Koller bekommen – durch die Hitze. In Frankreich haben wir die Krätze bekommen und in Rußland Fleckfieber und Läuse.«

»Nein«, sage ich zum Halfpap, »wir haben nicht mehr die Läuse. Die Läuse haben uns. Hast du gehört, was der Wettengel vorhin gesagt hat? Wir werden siegen, weil wir den Führer haben und die Partei. Aber wir haben nicht mehr den Führer. Der Führer hat uns. Wir haben nicht mehr die Partei. Die Partei hat uns. Und wenn wir die Läuse nicht loswerden, so werden uns die Läuse fressen.«

Aber gerade wie ich das gesagt habe, geht die Fliegerwarnung, und der Fritz Ziegenbart kratzt sich am Schädel und sagt: »Jetzt werden die Herren und Damen doch gestört werden!« und im nächsten Augenblick hören wir auch schon die Flugzeuge dröhnen, und da fängt es auch schon zu krachen an, und der Oberleutnant Wettengel kommt aus dem Kasino gestürzt und hinter ihm kommen die anderen die Treppe herunter, und die Damen sehen so aus, als ob sie gerade ihre Kleider fürs Volksopfer abgegeben hätten, und das ist ein Gekreisch und Krachen, und mitten in dem Höllenlärm kommt der Halfpap wieder zu mir gestürzt und keucht: »Hirnschal! Die Russen sind schon vor Posen!« Und ich sage: »Mensch, Halfpap, sei doch ruhig!« Aber er packt mich am Mantel und schreit: »Aber meine Frau ist doch in Posen!« schreit er, »meine Kinder sind doch in Posen!« Und da geht gerade ein Volltreffer auf das Kasino nieder und ich drücke den Halfpap in den Schnee und rufe ihm zu: »Die Läuse verbrennen! Aber wir verbrennen mit ihnen!«

Und in diesem Sinne, mein vielgeliebtes Weib, grüßt und küßt Dich

Dein Dich liebender Adolf
Gefreiter im Westen

49.

7. Februar 1945

Teure Amalia, vielgeliebtes Weib!

Ich bitte Dich, werde nicht nervös, vorläufig ist ja noch alles ruhig in Zwieselsdorf, aber wenn das so weitergeht, weiß man wirklich nicht, wer zuerst hinkommt, der Tommy oder der Russe, und ich glaube, es ist das Beste, du lernst Englisch und Russisch gleichzeitig, da gehst Du auf Nummer Sicher, und heute habe ich den Hauptmann Hanke gesehen, wie er auf einer Kiste Vitamin-Drops in einem Schützenloch sitzt, und die Beine läßt er ins Schneewasser hängen, und dabei murmelt er alle zwei Minuten: »Vielleicht war es doch ein Fehler. Vielleicht war es doch ein Fehler.« Und so trete ich vor und sage: »Herr Hauptmann, dagegen helfen auch kalte Füße nichts.« Aber der Hauptmann Hanke murmelt nur: »Ein Fehler.« So denke ich, ich muß ihn ablenken und sage: »Herr Hauptmann«, sage ich, »jetzt haben sie sogar das Tannenberg-Denkmal in die Luft gesprengt und die Gebeine vom Feldmarschall Hindenburg haben sie mitgenommen, und da sieht man wieder, was für ein Feldherrngenie unser geliebter Führer ist, denn unter seinem Kommando setzen sich sogar die Toten vom Feind ab.«

Aber der Hauptmann Hanke schüttelt nur den Kopf und sagt: »Das Beste wäre: ganz einschlafen.« Und ich antworte: »Ja, Herr Hauptmann, das wünschen wir uns alle: einfach einschlafen und auf einmal klopft einem jemand auf die Schulter und da steht so ein Tommy vor einem und sagt: ›Marsch, in die Gefangenschaft!‹ Leider kommt so was Schönes nur im Traum vor.« Aber der Hauptmann Hanke schüttelt wieder den Kopf und murmelt weiter: »Ein Fehler! Ein Fehler!« Da kommt der Oberleutnant Wettengel, der wo unser NS-Führungsoffizier ist, und sagt: »Wohl ’ne kleine Nervenkrise, Herr Hauptmann? Wird bald vorüber sein.« Aber der Hauptmann Hanke schüttelt den Kopf und sagt traurig: »Das Ganze war ein Fehler, das Ganze.« Da sagt der Oberleutnant Wettengel: »Da hilft nur eine radikale Behandlung! Anpacken!« Und wir ziehen den

Hauptmann Hanke aus dem Schützenloch und der Fritz Ziegenbart und ich tragen ihn zum Quartier, und der Wettengel sagt, der Hauptmann muß sofort einer Spezialbehandlung unterworfen werden und er will ihm einen besonderen Film vorführen, den wo man sonst nicht in der Öffentlichkeit zeigt. So tragen wir den Hauptmann Hanke ins Frontkino und setzen ihn in die erste Reihe, und der Oberleutnant Wettengel beginnt den Film in den Apparat einzulegen und sagt: »Dieser Film zeigt auch dem größten Zweifler, was wir unserem geliebten Führer verdanken.« Aber in diesem Augenblick kommt der Jaschke mit einem Brief zum Oberleutnant Wettengel und der Wettengel reißt ihn auf und wird ganz blaß, und dann sagt er zu mir: »Gefreiter Hirnschal, lassen Sie mal den Film abrollen, ich muß gleich den Brief beantworten.«

Und so drehe ich das Licht ab und lasse den Film laufen, und da sehen wir auf der Leinwand groß das Wort »Ende«. Da meint der Jaschke, das kann doch nicht der Anfang vom Film sein und ich muß den Film falsch eingelegt haben, aber ich sage: »Lass' nur!«, und dann sehen wir auf der Leinwand russische Infanterie und russische Panzer, aber die Russen marschieren alle verkehrt, mit dem Gesicht nach hinten und dem Rücken nach vorn, und die Panzer rollen rückwärts, und der Fritz Ziegenbart meint, der Film ist vielleicht die neue Wunderwaffe, mit der wo unser geliebter Führer die Russen wieder aus Deutschland hinaustreiben will, aber der Jaschke erklärt, der Film läuft verkehrt; und es ist viel lustiger so, und weil der Hauptmann Hanke still dasitzt und kein Wort sagt, lassen wir den Film weiter verkehrt ablaufen.

Da sehen wir einen Bahnhof in Berlin und da sind Tausende von Frauen und Kindern und alle sind furchbar aufgeregt und drängen sich in die Züge hinein und die Züge fahren rückwärts, nach Oberschlesien, und dann ist da wieder eine endlose Karawane von Menschen mit Schlitten und Wagen und sie ziehen nach Osten über die verschneiten Straßen und dann verteilen sie sich auf die Dörfer und Häuser und packen ihre Koffer und Bündel aus und stellen rasch alles wieder in die Schränke und Laden, schön geordnet, wie alles früher gewesen ist, und zünden das Feuer in den Öfen an und stellen Blumen in die Vasen. Und dann sehen wir plötzlich wieder einen Haufen Steintrümmer und dann eine große Rauchwolke und wie die Wolke verflogen ist, steht dort das Tannenberg-Denkmal, und der Sarg des Feldmarschalls Hindenburg wird wieder in die Gruft zurückgeschoben, und ringsum öffnet sich die Erde und die Toten stehen auf aus ihren Gräbern, und Frauen, die im Straßengraben erfroren sind, stehen auf und wanken wieder in ihr Heim zurück, und es ist alles hell und sauber. Jetzt kommt wieder eine große Stadt, und Straße um Straße liegt in Trümmern, und auf einmal schießen aus den Trümmerhaufen Häuser heraus und Fabriken und Kirchen und Werkstätten voller Leben, so wie sie früher gewesen waren – eine Stadt nach der andern: Berlin und Hamburg und Köln und Stuttgart und München und Düsseldorf, und da sind endlose Kolonnen von deutschen Soldaten in Lumpen und Fetzen, und sie laufen zurück, und wie sie laufen, werden sie immer kräftiger und jünger und überall öffnet sich die Erde, und die Toten stehen auf und laufen mit ihnen. Und da stehen sie am Atlantikwall und blicken hinüber nach England, und dann sieht man sie wieder in Rußland, und sie laufen über den Bug und den Dnjestr, und wie sie laufen, verschwinden die Löcher in ihren Uniformen, und die Wunden an ihren Gliedern heilen, und aus den Sümpfen kriechen die Ertrunkenen heraus und laufen mit ihnen, und aus dem Schnee kommen die Erfrorenen und aus dem Staub die Verdursteten, und sie laufen weiter über den Dnjepr und den Donez und den Don und dann sind sie in Stalingrad, und aus den Schutthaufen wachsen Schornsteine und Fabriken, und auf einmal ziehen sie wieder in Panzern und Lastern zurück nach Westen, bis sie über die deutschen Grenzen sind, wieder in der Heimat, und da marschieren sie heim in ihre Städte, mit Musik und in blendend neuen Uniformen, und kehren in ihre Häuser zurück und ziehen ihre Zivilkleider an. Und auf einmal schreit der Jaschke: »Da! Mein Junge! ... Den haben sie in Narvik begraben!« Und dann fängt er zu weinen an; und dann sieht man, alle Häuser sind rein und freundlich und nirgends eine Ruine und überall junge Menschen, und der Fritz Ziegenbart flüstert zu mir: »Du Hirnschal, wenn man die Zeit so zurückdrehen könnte wie diesen Film – da möchten wir's anders machen, was?« Und dann sehen wir, wie die SA durch die Straßen marschiert, und unser geliebter Führer steht in einer Wahlversammlung und spricht, und der Ziegenbart sagt: »Du, das war 33« – und unser geliebter Führer redet und redet und sagt, wir sollen ihm unsere Stimme geben. Und auf einmal springt der Hauptmann Hanke auf und zieht seinen Revolver und schießt mitten in die Leinwand hinein, immer wieder, bis er alle Patronen verschossen hat.

In diesem Augenblick kommt der Oberleutnant Wettengel herein und sagt, er hat schlechte Nachrichten von seiner Familie in Gleiwitz, und dann fragt er mich nach dem Hauptmann Hanke, und ich erstatte Meldung: »Herr Oberleutnant«, sage ich, »ich glaube, der Herr Hauptmann ist geheilt.«

Und in diesem Sinne, mein vielgeliebtes Weib, grüßt und küßt Dich

Dein Dich liebender Adolf
Gefreiter im Westen

50.

21. Februar 1945

Teure Amalia, vielgeliebtes Weib!

Freue mich, daß Du weiter wohlauf bist, und habe bereits von der lieben Tante Mathilde gehört, daß sie bei der Feuerwehr ist und daß der liebe Onkel Joachim ums Leben gekommen ist, wie er beim Volkssturm mit der Panzerfaust geübt hat, und teile Dir mit, daß ich vorübergehend zur Marine gekommen bin, und werde Dir erklären wieso.

Also wir sind gerade in einer Windmühle einquartiert und der Oberleutnant Wettengel, der wo unser NS-Führungsoffizier ist, hat auf eine Wand eine Karte von der Westfront genagelt und daneben eine Karte von der Ostfront, und wir sind todmüde und wollen uns gerade schlafen legen, da sagt der Wettengel, er hat eine freudige Nachricht. Heute nacht wird ein großer Staudamm in die Luft gesprengt, der wo ein paar Kilometer von uns entfernt ist, und in vier, fünf Stunden wird die ganze britische Armee ersaufen, die wo uns gegenüber liegt, und so wird es allen Feinden ergehen, im Westen und im Osten, und unser geliebter Führer wird den Kampf fortsetzen, solange es noch einen deutschen Mann und eine deutsche Frau gibt, die wo ein Gewehr halten können. Und dann dreht er den Lautsprecher auf und wir hören, daß unser über alles geliebter Propagandaminister im »Reich« geschrieben hat: »Solange der Krieg noch andauert, ist nichts irreparabel« – und da schlafe ich ein.

Ich träume, wie ich als Junge in der Religionsstunde gelernt habe, daß Moses die Juden aus der ägyptischen Knechtschaft befreite, und als sie zum Roten Meer kamen, da teilten sich die Fluten und sie zogen trockenen Fußes durchs Meer. Und dann wieder träumt mir, wie unser geliebter Führer zum deutschen Volk kam und ihm sagte, er will es aus der Knechtschaft befreien; und wie er zum Roten Meer kommt, läßt er die Vordersten hineintreiben und alle ersaufen, und dann läßt er noch mehr hineintreiben und mehr und mehr, damit der Leichenberg eine Brücke bildet quer durch das Meer, und dann geht unser geliebter Führer auf den Leichen ins Meer hinein, und hinter ihm geht unser heißgeliebter Reichsführer-SS und unser über alles geliebter Propagandaminister, und dann ruft der Führer: »Es sind noch nicht genug, das deutsche Volk muß total mobilgemacht werden.« Und dann treiben sie wieder Hunderttausende hinein ins Meer, und unser geliebter Führer marschiert wieder einige Kilometer weiter über die Toten und dann ruft er: »Noch immer nicht genug! Jetzt kommt der Volkssturm dran! Ich setze den Kampf fort, solange es noch einen deutschen Mann und eine deutsche Frau gibt, die wo ein Gewehr halten können.« Und dann treiben sie wieder Hunderttausende ins Meer, und auf dem Leichenberg klettert der Führer weiter, und dann kommen sie und packen mich. Und wie sie mich ins Wasser werfen – da wache ich auf.

Und wie ich so aufwache, da denke ich, zum Teufel, wie komme ich denn da ins Wasser, und der Lautsprecher ist noch immer an und spielt den Donauwellen-Walzer, und ich sehe, die Windmühle ist voll Wasser, und so brülle ich und wecke die andern, und der Oberleutnant Wettengel schreit, die Idioten, die wo den Staudamm gesprengt haben, die haben uns überschwemmt anstatt die Tommies, und auf einmal stürzt das Wasser auch durch das Fenster herein, und das Mahlwerk der Windmühle beginnt sich zu bewegen, und die Windmühlenflügel drehen sich, und der Wettengel schreit: »Hinaus – oder wir ersaufen!« und dabei wird er vom Wasser gegen die beiden Mühlsteine getrieben, und da sehe ich, wie die Landkarte von der Ostfront auf dem einen Mühlstein klebt und die Karte von der Westfront auf dem anderen, und der Oberleutnant Wettengel brüllt: »Hilfe, ich werde zwischen den Mühlsteinen zermahlen!«, und der Jaschke kann ihn gerade noch wegreißen und wir kriechen mit Ach und Krach durch ein Fenster hinaus und ich klettre aufs Dach, und so weit ich sehe ist Wasser. Und da schwimmt ein Bett vorüber und darauf liegt ein SS-Obergruppenführer mit einer Dame, und dann kommt ein Plättbrett dahergeschwommen, darauf sitzen zwei Ratten und der Dagobert Zack, der wo bei der Gestapo ist, und halten sich im Gleichgewicht, und auf einmal höre ich den Oberleutnant Wettengel schreien »Hilfe!« und sehe, wie er von der Strömung mitgerissen wird, aber er kann sich gerade noch an einen Windmühlenflügel festklammern; aber die Windmühlenflügel werden vom Wasser in Bewegung gehalten, und der Wettengel wird mit in die Höhe gehoben, und in diesem Augenblick hören wir die Worte von Dr. Goebbels im Rundfunk-Lautsprecher in der Windmühle: »In Wirklichkeit haben wir uns niemals in einer vorteilhafteren Lage befunden als heute.« Und wie es soweit ist, wird der Wettengel, der wo an dem Windmühlenflügel hängt, ins Wasser getaucht und es dauert ein paar Sekunden, bis er wieder auf der anderen Seite in die Höhe gehoben wird, und dann sagt der Lautsprecher: »Die Bolschewiken befinden sich in einer ungünstigen Situation, wenn die deutschen Gegenmaßnahmen erst wirklich einsetzen.« Und in diesem Augenblick wird der Wettengel wieder ins Wasser getaucht, und wie er heraufkommt, hat er eine Holzbütte über den Kopf gestülpt, und der Lautsprecher sagt: »Auch im Westen ist unsere Lage so stabilisiert wie schon lange nicht.« Darauf läßt der Wettengel den Windmühlenflügel los und fällt ins Wasser, und wenn wir ihn nicht mit Mühe und Not herausgezogen und in einer Badewanne davongerudert hätten, wäre er an Ort und Stelle ersoffen.

Und in diesem Sinne, mein vielgeliebtes Weib, grüßt und küßt Dich

Dein Dich liebender Adolf
Gefreiter im Westen

51.

6. März 1945

Teure Amalia, vielgeliebtes Weib!

Teile Dir mit, daß ich auf dem Wege nach Zwieselsdorf bin, zusammen mit der ganzen Westfront, und ich bitte Dich, nimm gleich unser silbernes Eßbesteck und die Ohrringe, die wo ich Dir zur Hochzeit geschenkt habe und die goldene Uhr und gib sie in die eiserne Kassette, die wo wir in der Bodenkammer haben, und vergrab' die Kassette unter dem Birnbaum in unserem Garten. Der Fritz Ziegenbart meint zwar, wir sollen noch nicht alle Hoffnung aufgeben, vielleicht wird doch noch alles gut, und so frag' ich ihn, wie er das meint, und er meint, unser geliebter Propagandaminister hat uns doch in seiner letzten Rede versprochen, er wird sich selbst das Leben nehmen, und so frag' ich den Oberleutnant Wettengel, ob das auch wirklich wahr ist. Und richtig erklärt mir der Oberleutnant Wettengel, der Dr. Goebbels hat wohl gesagt, er wird sein Leben persönlich von sich werfen, aber er wird das erst tun, wenn wir den Krieg ganz und gar verloren haben, und so frag' ich ihn, ob man nicht unserem geliebten Propagandaminister und der übrigen Parteiführung taktvoll nahelegen kann, sie sollen es lieber sofort erledigen, wenigstens ist dann der Krieg früher aus und es bleibt noch etwas übrig von Deutschland. Aber bevor noch der Wettengel antworten kann, kommen auf einmal aus dem Wald ein Dutzend britischer Panzer heraus und wir sind mit einem Satz auf den Beinen und rasen durch das Dorf, und der Oberleutnant Wettengel brüllt, wir sollen Deckung nehmen und angreifen, aber keiner bleibt stehen, und wir springen in die Laster und fahren drauflos, und auf einmal schreit der Jaschke: »Donnerwetter, das ist ja der Rhein!«, und wir rollen auch schon über die Brücke. Da packt mich der Hauptmann Hanke, der wo neben mir im Laster hockt und krallt sich an meinem Arm fest, und wie ich ihn anseh', ist er weiß wie eine Mauer und auf seiner Stirn sind kleine Tropfen und er sagt: »Wir müssen die Brücke halten. Wir müssen die Brücke halten.« Und ich antworte:

»Herr Hauptmann«, sage ich, »wir können die Brücke nicht halten.« Und er rollt mit den Augen und sagt: »Wir müssen die Brücke halten. Ich kriege das Eichenlaub zum Ritterkreuz, wenn wir sie halten. Vielleicht kriege ich auch das Eichenlaub mit den Schwertern.« So sage ich: »Auch wenn Herr Hauptmann die Schwerter bekommen, können wir sie nicht halten.«

Und wie ich das sag', sind wir ungefähr in der Mitte der Brücke und da kommt auf einmal der Amerikaner angeflogen, und kaum sind wir von den Lastern gesprungen, da sausen auch schon die Bomben herunter und das Brückenende vor uns stürzt ein. So brüllt der Hauptmann Hanke: »Zurück! Alles zurück!« Und wie wir zurücklaufen, fliegt das andere Brückenende in die Luft und wir können nicht vor und nicht zurück, und der Jaschke schreit: »Zum Teufel, Hirnschal, jetzt haben unsere Leute zu früh gesprengt!« Und der Hauptmann Hanke steht wie verloren da und murmelt: »Die Schwerter! Die Schwerter!« Aber da senkt sich auf einmal das ganze Riesengerüst vor uns und im selben Augenblick stürzt der Hauptmann Hanke in weitem Bogen in den Rhein, und wir sehen gerade noch, wie er verschwindet, da rutschen wir alle schräg hinunter ins Wasser. Der Fritz Ziegenbart erwischt mich gerade noch, und wir klettern auf einen Stahlträger und sitzen da und unsere Füße hängen in den Rhein.

Und wie wir so dasitzen, sehen wir, daß auf beiden Seiten die Städte und Dörfer brennen, aber diesmal sind es nicht russische Städte oder französische oder polnische, sondern es sind deutsche Städte. Und wir sehen, wie Menschen und Pferde im Wasser um sich schlagen und schreien und ertrinken, und der Fluß ist nicht die Beresina oder der Dnjepr oder die Wolga, sondern der Fluß ist der Rhein. Und wir sehen, wie der Himmel schwarz ist von Flugzeugen und wie die Bomben krachen und die Häuser in die Luft fliegen – aber es sind nicht deutsche Flugzeuge, sondern britische und amerikanische.

Und so sage ich: »Ziegenbart, das ist die Hölle hier, die wahre Hölle.« Und der Fritz Ziegenbart spricht zuerst gar nichts und sieht ganz merkwürdig drein, und auf einmal sagt er: »Hirnschal«, sagt er, »mir geht das schon lang' im Kopf herum. Weißt du, was wir damals getan haben, im Jahr dreiunddreißig? Wir haben unsere Seele dem Teufel verschrieben. Er hat uns alles mögliche vorgezaubert: Arbeit in Rüstungsfabriken, KdF-

Fahrten, Massenaufmärsche und allen möglichen Klimbim, und große Siege und Eroberungen, und Seidenkleider aus Paris, und griechische Weine, und Pelzmützen aus Rußland, und was wir sonst zusammenplündern konnten. Aber jetzt ist die Frist um. Jetzt kommt der Teufel, um uns zu holen, und jetzt hilft uns kein Jammern und kein Wehren mehr, der Teufel holt uns, denn wir haben den Pakt unterzeichnet, mit unserem Blut.«

Da nickt der Fritz Ziegenbart und sagt: »Den Hauptmann Hanke hat er schon geholt, der Teufel. Und nicht einmal seine Schwerter hat er bekommen.«

So spuckt der Jaschke in den Rhein, und auf einmal deklamiert er:

»Volksgrenadier, greif an! Greif an!
Wir müssen an den Feind heran!
Besinn' dich nicht! Sprung auf – marsch! Marsch!
Sonst tritt der Leutnant dich in Arsch!
  Der Oberst will die Schwerter.«

Und ich seh' den Jaschke an und frag' ihn, was er da aufsagt und er erklärt, es ist das Lied der Volksgrenadiere, und er hat es gerade auswendig gelernt, und dann fährt er fort:

»Des Feindes Artill'rie ist schwer,
Und du hast nur dein Sturmgewehr.
Die Panzerfaust? Das Ofenrohr?
Frag' nicht danach! Geh' vor! Geh' vor!
  Der Oberst will die Schwerter.

Die eignen Reihen werden licht?
Volksgrenadiere zählt man nicht!
Solang' *ein* Grenadier noch lebt,
Die Division am Feinde klebt!
  Der Oberst will die Schwerter.«

Da aber ducken wir uns unter die Eisenbalken, denn ein paar Amerikaner fliegen ganz niedrig über uns hinweg, und erst wie sie fort sind und das Krachen aufgehört hat, spricht der Jaschke weiter:

»Volksgrenadier, Sprung auf! Sprung auf!
Die ganze Divison geht drauf!

Wenn dich die Kugel trifft, sei stolz:
Du kriegst ein Kreuz aus Tannenholz –
Der *Oberst* kriegt die Schwerter!«

Und dann sitzen wir und denken und sagen gar nichts, und auf beiden Ufern steigt der Rauch von den brennenden Städten auf, und die Flugzeuge donnern über uns hinweg.

Und in diesem Sinne, mein vielgeliebtes Weib, grüßt und küßt Dich

Dein Dich liebender Adolf
Gefreiter, östlich vom Rhein

52.

21. März 1945

Teure Amalia, vielgeliebtes Weib!

Teile Dir mit, daß wir unsere Truppeneinheit verloren haben, und so wandern wir herum, der Fritz Ziegenbart, der Jaschke und ich und suchen die übrigen, und der Ziegenbart meint, wir brauchen uns gar nicht zu beeilen, er hat schon sein ganzes Leben lang eine kleine Rheinreise machen wollen und das ist vielleicht die letzte Gelegenheit. So schlagen wir uns durch von einem Ort zum andern, aber es ist gar nicht gemütlich, denn am andern Rheinufer sitzen die Amerikaner und böllern herüber, und dann kommen sie wieder mit ihren Flugzeugen, und es sind alle Teufel los. Und so sitzen wir heute beisammen auf einem Bergabhang und trinken eine Flasche Liebfrauenmilch, die wo der Jaschke irgendwo organisiert hat, und rechts von uns brennt eine Ortschaft und die Rauchschwaden treiben über den Rhein, und der Fritz Ziegenbart sagt: »Wißt ihr, was der Doktor Ley gesagt hat?«, und der Jaschke antwortet: »Ich weiß nicht, was soll es bedeuten ...« Darauf sagt der Ziegenbart: »Idiot, das war die *Lore*lei. Ich mein' den *Doktor* Ley. Der hat gesagt: ›Wir werden vor dem Rhein kämpfen, am Rhein und hinter dem Rhein‹.« Dann meint der Jaschke: »Und die Lorelei hat gesagt: ›Ich glaube, die Wellen verschlingen – am Ende Schiffer und Kahn. Und das hat mit ihrem Singen – die Lorelei getan‹.«

In diesem Augenblick packt mich der Jaschke und flüstert mir aufgeregt zu: »Du, Hirnschal, sieh mal dort 'rüber!« Und so starre ich auf einen Felsvorsprung, der wo in den Rhein hineinragt, und dann wische ich mir die Augen und starre wieder, und wie die Rauchwolken lichter werden, die wo über den Fluß streichen, da sehen wir dort eine Gestalt sitzen und sie sitzt und sitzt und kämmt ihr Haar. »Na, was sagst du«, sagt der Ziegenbart, »da sitzt sie nun wirklich und kämmt sich mit einem goldenen Kamm.« Darauf starren wir sie eine ganze Weile an und ich sage: »Das erinnert mich an einen gewissen

Dieter Ottenfreit, der wo seinerzeit eines der fanatischsten Parteimitglieder in Zwieselsdorf und Umgebung war. Dieser Ottenfreit ist zur Zeit der Machtergreifung Kapitän von einem Rheindampfer geworden, der wo ›Deutschland‹ geheißen hat, und natürlich ist das Schiff sofort frisch hergerichtet und angestrichen worden, wie er es übernommen hat. Auf die Schiffsplanken hat er schöne Kampfparolen der Partei aufmalen lassen, wie: ›Wenn wir nur wollen, kann uns keiner widerstehen!‹, und unter Wasser hat er die 25 Punkte des Parteiprogramms aufmalen lassen, damit die Fische auch was davon haben. Nun, und wenn dann die Hochzeitsreisenden zwischen Bonn und Rüdesheim hin- und hergefahren sind, da sind sie gleichzeitig weltanschaulich ausgerichtet worden. Aber einmal, wie der Ottenfreit auf der Kommandobrücke steht, da starrt er plötzlich auf den Lorelei-Felsen und schreit: ›Da ist sie! Da singt sie!‹ Und dann blickt er wie gebannt auf den Felsen und flüstert: ›Ich höre sie!‹ Und dann horcht er weiter und wiederholt wie hypnotisiert: ›Wißt ihr, was sie sagt? Sie sagt: Der Krieg dient der Verbreiterung unserer Volksbasis von 90 auf 120 Millionen Menschen germanischen Blutes durch Hereinnahme von 30 Millionen Dänen, Flamen, Niederländern, Norwegern, und vielleicht auch anderen.‹ Und wie er das sagt, reißt er das Steuer herum, und im nächsten Augenblick fährt das Schiff auf den Felsen auf und auf einer Seite kommt schon das Wasser herein, und alles schreit und drängt zu den Rettungsbooten, aber der Dieter Ottenfreit hat Schaum vor dem Mund und brüllt: ›Niemand darf aussteigen! Wir kapitulieren niemals! Wer ins Wasser springt, wird als Verräter erschossen! Diesmal wird es keinen November 1918 geben! Wir siegen oder sterben zusammen!‹«

Da sieht mich der Fritz Ziegenbart an und sagt: »Na, sind sie alle zusammen untergegangen?« Und ich antworte: »Nein, Fritz Ziegenbart, sie haben den Dieter Ottenfreit gepackt und ihm den Kopf in einen Eimer kaltes Wasser getaucht, und einer hat noch rechtzeitig das Steuer herumgerissen.«

Aber der Jaschke, der die ganze Zeit auf den Felsen gestarrt hat, sagt jetzt: »Zum Teufel, ansehen möchte ich mir das Frauenzimmer doch!« Und so klettern wir hinüber, und wie wir näherkommen, sehen wir, es ist gar nicht die Lorelei, sondern der Oberleutnant Wettengel, der wo unser NS-Führungsoffizier ist, und er sitzt dort und kämmt sich die Läuse aus dem

Haar. Und so haben wir wieder Anschluß an unser Bataillon gefunden.

Und in diesem Sinne, mein vielgeliebtes Weib, grüßt und küßt Dich

Dein Dich liebender Adolf
Gefreiter im Westen

53.

4. April 1945

Teure Amalia, vielgeliebtes Weib!

Teile Dir mit, daß wir seit zehn Tagen ununterbrochen auf den Beinen sind, und zuerst hab' ich die Sohle von meinem rechten Stiefel verloren und dann hab' ich das ganze Bataillon verloren und nur der Jaschke und der Fritz Ziegenbart sind noch mit mir und ein gewisser Gefreiter Knippitz, der wo in dem Hemd einer Nachrichtenhelferin herumläuft, weil er es in der Dunkelheit verwechselt hat. Und wo wir hinkommen, hängen weiße Fahnen aus den Fenstern und der Jaschke meint, vor vier Jahren haben da noch überall Hakenkreuzfahnen gehängt, und da sieht man wieder, wie recht unser geliebter Führer gehabt hat, als er sagte: »In vier Jahren werdet ihr Deutschland nicht wiedererkennen.«

Auf einmal bleibt der Fritz Ziegenbart stehen und sagt, das Ganze hat ja gar keinen Sinn mehr und je früher wir uns den Amerikanern ergeben desto besser, und ich bemerke, das habe ich mir schon längst gedacht, aber ich möchte noch gern mit meiner Frau sprechen, bevor ich in die Gefangenschaft gehe. Und dann erzähle ich ihnen, wie es meinem lieben Onkel Theobald ergangen ist, von dem wo es im letzten Krieg geheißen hat, er ist für Gott, Kaiser und Vaterland gefallen, und drei Monate später hat meine liebe Tante Auguste Wilhelmine einen Geldbriefträger geheiratet und sie waren gerade auf der Hochzeitsreise, da hat es sich auf einmal herausgestellt, mein lieber Onkel Theobald ist gar nicht tot, sondern in französischer Kriegsgefangenschaft, und meine Tante Auguste Wilhelmine hat die größten Unannehmlichkeiten gehabt wegen Bigamie.

Da schlägt der Knippitz vor, ich soll doch nach Hause telephonieren, und ich denke mir, das ist eine gute Idee, ich kann ein Ferngespräch zum Krummen Gustav in Zwieselsdorf durchgeben, der wo doch die Brauselimonadefabrik um die Ecke hat, und er kann Dich zum Telephon holen. Aber auf einmal schreit der Jaschke: »Sie kommen!« und da rollen auch schon zwei

Dutzend amerikanische Panzer die Autobahn daher, und wir werfen die Gewehre fort und strecken die Hände in die Höhe, aber die Amerikaner brüllen nur etwas zu uns herüber und fahren weiter, und der Knippitz meint, sie haben gesagt, sie hätten keine Zeit, uns gefangenzunehmen und wir sollen uns später wieder melden, und so marschieren wir weiter, bis wir zum nächsten Haus kommen.

Das Haus sieht leer aus und so kriech' ich durch ein Fenster hinein und richtig, in einer Ecke ist ein Telephon und darüber ist ein schön gemaltes Bild von unserem geliebten Führer im Kostüm von Siegfried, dem Drachentöter, und darunter steht: »Heute gehört uns Deutschland und morgen die ganze Welt.« So nehme ich den Hörer auf und sage: »Fräulein, dringendes Eilgespräch nach Zwieselsdorf.« Darauf knackt es und plötzlich schreit jemand im Telephon: »Zum Teufel, verstehen Sie denn nicht? Ich als Kreisleiter kann einfach nicht mehr länger warten, die Amerikaner sind nur noch zwanzig Kilometer entfernt, ich brauche sofort fünf Möbelwagen, ich habe kostbare Kunstgegenstände aus Holland und Italien, meine Familie ist schon an der Schweizer Grenze – ja, du lieber Himmel, versteh'n Sie denn nicht, ich darf nicht eine Minute verlieren ...«

Aber bevor ich noch antworten kann, kracht und knackt es wieder im Telephon und eine andere Stimme sagt: »Hallo! Hallo!« Und ich sage: »Hallo! Sind Sie das Fernsprechamt?« Und die Stimme sagt: »Nein, ich bin der Bürgermeister.« So sag' ich: »Also Sie sind der Bürgermeister. Und was wünschen Sie?« Und er antwortet: »Ich wünsche meine Stadt zu übergeben. Bedingungslos.« Aber bevor ich noch etwas sagen kann, ist auf einmal das Telephon tot und soviel ich auch hineinschrei', ich höre überhaupt nichts mehr und so kriech' ich wieder durchs Fenster hinaus, und da sitzt der Knippitz ganz leichenblaß auf einem Eckstein, und wie ich ihn frage, ob ihm schlecht ist, da sagt er ganz heiser: »Hirnschal, ich kann mich nicht ergeben.« Und so frag' ich ihn: »Warum?«, und er seufzt und sagt, es ist wegen einer Wette. Und dann erklärt er mir, im September 39, wie wir in Polen einmarschiert sind, da hat ein gewisser Peters gesagt, dieser Krieg dauert so lang wie der letzte Krieg, und der Knippitz hat geantwortet: »Blödsinn, der Krieg ist zu Weihnachten zu Ende, und das ist eine Wette.« Und da hat der Peters erklärt: »Abgemacht, und wer die Wette verliert, muß sich ein Porträt von unserem geliebten Führer auf den Bauch tätowieren lassen.« Und der Knippitz hat gesagt: »Abgemacht!« und so hat er sich am Tag nach Weihnachten unseren geliebten Führer auf den Bauch tätowieren lassen. Und jetzt meint der Knippitz, wenn die Amerikaner das sehen, halten sie ihn vielleicht für einen Parteifanatiker und er wird erschossen. So sage ich ihm, er soll es uns mal zeigen, und er knöpft sich die Uniform auf und entschuldigt sich, weil das Portät etwas gelitten hat, indem er nämlich früher dicker war, aber in den letzten Jahren ist er etwas abgemagert. Und richtig, wie ich es ansehe, hat unser geliebter Führer ganz eingefallene Wangen und läßt die Nase hängen, und der Knippitz sagt, noch im 41er Jahr hat er schöne runde Backen gehabt.

Da schlägt der Fritz Ziegenbart vor, er soll sich einfach einen Vollbart darauf tätowieren lassen und blaue Brillen, damit man ihn nicht erkennt, aber der Jaschke meint, den Schwindel kennt man schon, das hat auch der Ludendorff im November 18 gemacht; er soll lieber ein symbolisches Bild daraus machen und den Führer mit lauter Ruinen und Rauchwolken zudecken, aber der Knippitz hat keine rechte Lust dazu. So sage ich ihm wütend, wenn er so ein Esel ist, bleibt nichts übrig, als daß er sich in einen Werwolf verwandelt, aber der Knippitz antwortet, er ist kein Werwolf, sondern ein Friseur aus Berlin-Gesundbrunnen.

So wandern wir eben weiter, aber wir müssen den falschen Weg gegangen sein, denn wir haben die Amerikaner nicht mehr getroffen, und der Fritz Ziegenbart meint, vielleicht werden sie gar früher in Zwieselsdorf sein als die Russen, und vergiß nicht, liebe Amalie, bereite eine große weiße Fahne vor und schreib' auch genau die Namen von denen auf, die wo noch für die Partei sind, damit wir keinen übersehen, wenn ich nach Hause komme und es losgeht.

Und in diesem Sinne, mein vielgeliebtes Weib, grüßt und küßt Dich

Dein Dich liebender Adolf
Gefreiter in Deutschland

54.

18. April 1945

Teure Amalia, vielgeliebtes Weib!

Ich bitte Dich, halte nur immer zwei Koffer mit den wichtigsten Sachen in Bereitschaft, denn heutzutage weiß man ja nicht, was passieren kann und am besten wäre es, die liebe Tante Pauline möchte bei Dir schlafen. Leider haben wir uns noch immer nicht den Tommies ergeben können, denn wir sind in einen Hauptmann hineingerannt, der wo uns sofort in eine Auffangskolonne gesteckt hat. Diese besteht aus einem Dutzend Volkssturmmännern, die wo alle über sechzig sind, zwei 15jährigen Lausebengeln, die wo drei Stunden militärische Ausbildung gehabt haben, und zwei Dutzend Ukrainern und Polen, auf die wir immer aufpassen müssen, daß sie uns nicht davonlaufen, und wir alle sind in einer Schule einquartiert worden, und zwar in der Oberprima. In der Unterprima sind Evakuierte aus dem Rheinland und in der Obersekunda sind Evakuierte aus Schlesien und in der Untersekunda sind Auslandsdeutsche aus Ungarn und in der Obertertia sind Bombenflüchtlinge aus Berlin und in der Untertertia ist ein Notlazarett.

Und wie wir so vor dem Schuleingang sitzen, und die Straße entlang rollen Bauernkarren mit Flüchtlingen und Frauen mit Kinderwagen, vollbeladen mit ihren Sachen, und Verwundete auf Lastern und wieder Flüchtlinge und Flüchtlinge, da sagt der Jaschke: »Ja, zum Teufel, warum geben die da oben nicht endlich zu, daß wir verloren haben, und Schluß damit?! Soll denn dieser verdammte Krieg weitergehen, bis ganz Deutschland zerstört ist?« Darauf antwortet der Fritz Ziegenbart: »Du bist aber doof«, sagt er, »das wollen die Herrschaften doch gerade, daß ganz Deutschland zerstört ist, damit die Tommies überhaupt nicht mehr Ordnung in den Trümmerhaufen bringen können. Darum sollen wir ja weiterkämpfen bis fünf Minuten nach zwölf.«

Da räuspere ich mich und sage: »Das mit den fünf Minuten nach zwölf, das erinnert mich an die alte Landes-Irrenanstalt für Zwieselsdorf und Umgebung. Da haben sie einen General im Ruhestand drin gehabt, der wo sich eingebildet hat, er ist der Kaiser Wilhelm II. Und dann haben sie auch den ehemaligen Obmann des Verbandes nationalsozialistischer Kleintierzüchter drin gehabt, der wo sich eingebildet hat, er ist ein Werwolf, und der hat sich immer hinter einer Ecke niedergehockt und wenn ein Doktor vorübergekommen ist, hat er ihn schnell ins Bein gebissen. Aber einmal in der Nacht sind die beiden zusammen aus dem Irrenhaus davongelaufen, und wie sie zum Karpfenteich in Zwieselsdorf kommen, da sagt auf einmal der Werwolf zum Kaiser Wilhelm: ›Majestät, wollen wir mal hineinspringen und sehen, wer es länger unter Wasser aushält?‹ Darauf sagt der Kaiser Wilhelm II.: ›Gemacht. Es ist jetzt genau 20 Minuten vor 12.‹ Dann sagt der Werwolf: ›Majestät, ich möchte Majestät nur aufmerksam machen: ich kapituliere nicht.‹ Und darauf sind sie ins Wasser gesprungen und untergetaucht. Und um Viertel vor 12 ist der Kaiser wieder herausgekrochen und hat gewartet, und dann sind ein paar Blasen heraufgekommen, aber der Werwolf ist noch immer unten gewesen. Und es war genau 5 Minuten nach 12, da ist er an der Oberfläche aufgetaucht, und wie ihn der andere herausgezogen hat, war er mausetot.«

Und dann sitzen wir eine Zeitlang still und blicken auf den Himmel, der wo ganz rot ist vom Feuerschein, denn auf der andern Seite vom Fluß steht die Stadt in Flammen, und der Fritz Ziegenbart seufzt und sagt, er möchte doch gern wissen, was aus allen noch werden wird. Da sagt der Jaschke, er hat gerade vom Knippitz gehört, es gibt eine Wahrsagerin im Ort, und wie wär's, wenn wir uns einmal die Zukunft voraussagen lassen würden. So machen wir uns auf die Suche, aber es ist nicht so leicht, sich in der Stadt zurechtzufinden mit all den Flüchtlingen und den Bränden. Aber zum Schluß sitzen wir richtig bei der Wahrsagerin, und es sieht recht gruselig in der Stube aus, wie das alte Weib halbverschleiert an einem Tisch hockt, und auf dem Tisch liegt ein Stoß Bücher und darauf sitzt ein schwarzer Kater und in einer Ecke steht eine ausgestopfte Eule und daneben eine Gipsbüste von unserem geliebten Führer, und auf der Wand gegenüber ist eine Kartothek, und auf einem Schubfach ist ein großes W und darunter steht: »WALHALLA. WALKÜRE. WANZENVERTILGUNG. WERWÖLFE. WUNDERWAFFEN.« Und durch das verhängte Fenster flackert der Schein von den brennenden Häusern, so daß uns ganz merkwürdig zumute ist. Und auf einmal schlägt die alte Hexe ihre Schleier zurück und macht allen möglichen Hokuspokus und wirft irgendein Zeug in eine Schale, worauf das ganze Zimmer mit Rauch gefüllt ist, und dann nimmt sie einen blutbefleckten Dolch und sticht in ein Buch hinein, das wo vor ihr liegt, und öffnet es an der Stelle, wo der Dolch zwischen den Blättern ist, und dann sehe ich, es ist »Mein Kampf«, Seite 763, und die Wahrsagerin liest: »Man stelle sich vor, daß die blutigsten Schlachten des Weltkrieges nicht an der Somme, in Flandern, im Artois, vor Warschau, Nischnij-Novgorod, Kowno, Riga und wo sonst noch überall stattgefunden hätten, sondern in Deutschland, an der Ruhr und am Main, an der Elbe, vor Hannover, Leipzig, Nürnberg usw., und man wird wohl zustimmen müssen, daß die Möglichkeiten einer Zertrümmerung Deutschlands gegeben gewesen wären.«

Aber wie die Wahrsagerin das gelesen hat, wird sie ganz blaß und aufgeregt. So frage ich sie, was denn los ist, und so erklärt sie mir, es ist eben eine neue Verfügung herausgekommen, wonach die Wahrsagerinnen zur Stärkung der Kampfbereitschaft beitragen sollen, und sie müssen sich daher genau an die Richtlinien halten, die wo unser über alles geliebter Reichsminister Dr. Goebbels erläßt. Aber sie muß die vom Reichsministerium für Volksaufklärung und Propaganda herausgegebenen Sonderanweisungen für Wahrsagerinnen doch nicht genau gelesen haben, sonst wäre ihr so ein Irrtum nicht unterlaufen.

Da sage ich ihr, sie soll lieber nach der alten Methode wahrsagen und wir werden sie schon nicht verraten. Darauf stellt sie eine Glaskugel auf den Tisch und dahinter die Gipsbüste von unserem geliebten Führer, und wie wir in die Glaskugel sehen, da spiegelt sich darin der rote Schein von der Straße und um das Gesicht vom Führer lodern die Flammen, und die Rauchwolken werden immer dichter, bis er am Ende ganz verschwindet in Qualm und Feuer.

Und in diesem Sinne, mein vielgeliebtes Weib, grüßt und küßt Dich

Dein Dich liebender Adolf
Gefreiter in Deutschland

55.

1. Mai 1945

Teure Amalia, vielgeliebtes Weib!

Teile Dir mit, daß ich auf dem Wege zu Dir bin, denn wir haben beschlossen, uns nach Hause durchzuschlagen: der Jaschke nach Hudemühlen, der Fritz Ziegenbart nach Kottbus und ich nach Zwieselsdorf. Wir haben Abschied gefeiert bei einigen Flaschen Moselwein, und wie wir noch mitten im Feiern sind, gibt es Fliegeralarm, und so verlegen wir unser Gelage in den Keller. »Auf den Frieden!« sagt der Fritz Ziegenbart und wir stoßen die Gläser an, daß es klirrt, aber bevor wir sie noch leeren können, liegen wir platt auf dem Bauch und die Bomben krachen nur so nieder, daß wir glauben, unsere letzte Stunde ist gekommen. Wie es wieder still ist, wischt der Fritz Ziegenbart den Staub aus den Gläsern und füllt sie wieder und stößt an, daß es klirrt, und sagt nochmals »Auf den Frieden!« Aber dabei beginnt er so stark zu husten, daß er den halben Wein verschüttet, und der Rauch im Keller ist so dick, daß wir nur mit Mühe den Ausgang finden.

Wie wir draußen sind, steht die halbe Straße in Flammen, und wir waten durch ein Meer von zerbrochenen Fensterscheiben. Und der Fritz Ziegenbart stößt mit dem Fuß gegen die Glasscherben, daß es klirrt, und sagt: »Auf den Frieden!«

So irren wir durch die Straßen und helfen Möbel aus brennenden Häusern tragen und graben Menschen aus eingestürzten Unterständen aus, und unsere Gesichter sind rußig und unsere Hände sind blutig und unsere Uniformen zerrissen und versengt, und der Jaschke setzt sich auf den Stufen vor einem Eingangstor nieder und sagt, ihn bringen auch nicht zehn Rösser weiter. Und wie ich hinseh, ist hinter ihm ein Plakat an die Mauer angeschlagen, darauf steht:

STÄDTISCHES SCHAUSPIELHAUS
DIE GÖTTERDÄMMERUNG
von Richard Wagner

Daran erkennen wir erst, daß wir vor einem Theater sitzen. So frag' ich den Jaschke, ob er schon einmal im Theater war, und wie er den Kopf schüttelt, erklär' ich: »Dann geh'n wir mal hinein. Vielleicht finden wir eine bequeme Loge, wo wir schlafen können.« Aber der Fritz Ziegenbart sagt, er wird uns später nachkommen, er will noch ein bißchen herumstreifen, vielleicht kann er herausfinden, wo die Amerikaner schon sind.

So gehen der Jaschke und ich allein hinein und zum Glück entdecke ich die Lichtschalter, sonst würden wir uns nicht zurechtfinden, denn sie haben im Parterre die Sitze weggeräumt und anstatt dessen sind dort Fässer mit Schmieröl und Kisten mit Gewehrmunition aufgestapelt, und die Logen sind voll Staub und Spinnweben und über die Bühne flitzen die Ratten. »Wo lassen wir uns nieder, Hirnschal?« fragt der Jaschke und ich sag': »Vorn in der ersten Loge, Emil. Ich seh' mir gern alles von der Nähe an.« So nisten wir uns in der vordersten Loge ein, und der Jaschke starrt die Kulissen auf der Bühne an und dann fragt er: »Du, Hirnschal«, fragt er, »was ist denn das für ein Zeug, das wo da hinten aufgemalt ist? Sieht aus wie ein Schloß auf einem Berg.« Und bevor ich ihm noch antworten kann, sagt eine Stimme: »Das ist Walhall.« Und wie wir Ausschau halten, woher die Stimme kommt, da entdecken wir einen Kerl unten im Orchesterraum, der wo über die umgestürzten Notenpulte und Stühle klettert, bis er zu uns zur Logenbrüstung kommt, und dann seh' ich, er hat einen kleinen Schnurrbart und dunkle Ringe um die Augen und sein Anzug ist voll Schmutz und Spinnweben, und er nickt uns zu und sagt: »Ja, das ist Walhall und dort drüben fließt der Rhein und hier tauchen die Rheintöchter auf.« Und so frag' ich ihn, ob er vielleicht der Theaterdirektor ist oder der Kapellmeister, weil er so gut Bescheid weiß, aber er lacht und sagt, er ist nur der Trommler im Orchester, aber auch die Trommel ist ein wichtiges Instrument, und unser geliebter Führer hat sich immer als »Trommler« bezeichnet, bevor er an die Macht gekommen ist. Und dann fragt er, ob wir das Stück kennen, und wie wir sagen »Nein«, da erklärt er, er wird es uns vorführen. Und bevor wir noch wissen, was los ist, klettert er auf die Bühne und springt darauf herum, daß die Staubwolken aufsteigen und schreit: »Das sind die Trompeten – Tra-ra-raratratra-raah ...« und dann rennt er auf die andere Seite und brüllt: »Und jetzt die Trommeln und Pauken: rrrrrrbrubummm ...

brubummmmm ... bummbummbummbummmmm ...« Und dann tanzt der Trommler wie ein Wilder auf der Bühne herum und ruft: »Die Raben kehren zu Wotan zurück ...!«, und in diesem Augenblick flattern aus den Kulissen zwei Fledermäuse heraus, die wo er aufgeschreckt hat, und fliegen durch das Theater. »Brünnhilde verbrennt auf dem Scheiterhaufen ... Tra-ra-ratata ... Geigen! Geigen! La ... lala ... la ... lalala ... Der Rhein schwillt an ... er tritt über die Ufer ... die Rheintöchter schwimmen heran ... da ... da! ... Sie ergreifen das verfluchte Gold ...« Und dabei springt er die ganze Zeit aufgeregt herum und rollt die Augen, und der Jaschke flüstert mir zu: »Der Kerl ist ja verrückt, Hirnschal.« Und der Trommler singt und bläst und trommelt weiter wie besessen, und dazwischen ruft er: »Hagen stürzt sich in die Flut ... Da ... da! ... Die Rheintöchter ziehen ihn in die Tiefe ... Und plötzlich ... in der Ferne ... am Himmel ... ein purpurnes Rot ...«

Und wie er das sagt, springen der Jaschke und ich auf vor Verwunderung, denn der Hintergrund wird röter und röter und auf die Bühne fällt ein flackernder Feuerschein, und der Trommler brüllt: »Walhall steht in Flammen! Die Götter und Helden verbrennen! Die Götterdämmerung ist gekommen!!!« Und in diesem Augenblick hüpfen wirklich Flammen aus den Kulissen und ich schrei hinunter auf die Bühne: »Schnell 'raus, das Theater brennt!« Aber er tanzt herum und singt: »Die Götterdämmerung! Die Götterdämmerung ist da!«, und da kommt schwarzer Rauch aus den Vorhängen hervor und ein furchtbarer Gestank, und der Jaschke sagt, das Schmieröl brennt, und es riecht nach brennenden Farben und Kleister und Pappe, und aus den Ecken rennen Ratten hervor, und auf einmal wird unsere Logentür aufgerissen und der Fritz Ziegenbart stürzt herein und kann vor Aufregung gar nicht sprechen: »Hirnschal ...«, stottert er, »halt dich an ... Der Hitler ist tot ... Es war im Rundfunk!« Und dann fängt er zu lächeln an wie ein Kind, und ich packe seine Hand und sage: »Jetzt geh'n wir nach Hause, Ziegenbart!« Aber der Jaschke steht da, als ob er's noch gar nicht fassen könnte. Und der Kerl auf der Bühne schreit weiter: »Die Götterdämmerung ist da ... Tra ... taa ... tratra ...!«, und in diesem Moment stürzt der Schnürboden auf ihn herunter, und wir tasten uns aus dem Rauch und Flammen ins Freie.

Und wie wir wieder auf der Straße sind, fragt der Jaschke: »Und was jetzt?« Und der Ziegenbart sagt: »Ich seh', daß ich nach Hause komme. Meine Frau wartet auf mich.« Und dann zieht er eine neue Flasche aus der Tasche und sagt: »Auf den Frieden!« Und tut einen Zug, und dann trinkt der Jaschke, und der letzte bin ich und ich sage: »Auf den Frieden!«

Und dann schütteln wir uns die Hände und machen uns auf den Heimweg.

Und mit einem kräftigen »Auf Wiedersehn!« grüßt und küßt Dich

Dein Dich liebender Adolf
ehemaliger Gefreiter

P. S. Und sag' dem Krummen Gustav, er soll nur gleich ein neues Pack Spielkarten für unsere Skat-Abende beschaffen, weil in dem, das wo ich habe, fehlt der Treff-Bube Der Obige

P. S. Und er soll auch den Apotheker Knacke fragen, ob er wieder mitspielen wird. Der Obige

Nachwort

Der Zweite Weltkrieg war auch ein »Ätherkrieg«. Er war der erste Konflikt, von dessen Kämpfen einige auf einem bis dahin neuen Feld stattfanden: den Ätherwellen. Der Rundfunk bot erstmals die Möglichkeit, massenhaft die eigene Bevölkerung zu informieren und zu beeinflussen; obendrein wurde es technisch möglich, Menschen in feindlichen Ländern direkt und regelmäßig zu erreichen.

Besondere Bedeutung mußte ein solcher »Ätherkrieg« dort bekommen, wo – wie im faschistischen Deutschland – die gesamte veröffentlichte Meinung seit Jahren gleichgeschaltet war, jegliche oppositionelle oder abweichende Publikation innerhalb des Landes mit schärfster Repression verfolgt wurde. Um die geistigen Mauern der Nazi-Propaganda zu durchbrechen, war daher der Rundfunk, benutzt als Aufklärungsinstrument von den außerhalb des Reiches arbeitenden Journalisten und Künstlern, ein willkommenes Medium.

Die BBC, British Broadcasting Corporation, begann Ende September 1938 mit ihren Europäischen Diensten: Als Auftakt wurde eine Rede des damaligen Premierministers Chamberlain in deutscher, italienischer und französischer Übersetzung gesendet. Der Deutsche Dienst der BBC wurde bald so stark ausgebaut, daß er täglich mehrere Stunden lang senden konnte. Er blieb während des gesamten Krieges ein wichtiges Instrument der britischen psychologischen Kriegführung. Englische Kommentatoren wie Sefton Delmer, Lindley Fraser und Hugh Carleton Greene (der dann nach 1945 den Nordwestdeutschen Rundfunk mitbegründete) arbeiteten als Autoren und Sprecher.

Neben ihnen wirkten beim Deutschen Dienst der BBC zahlreiche aus Nazi-Deutschland und Österreich geflüchtete Autoren und Künstler mit, vor allem als Übersetzer und Sprecher. Für sie war, trotz beschränkter Kompetenzen, diese Arbeit eine

Chance: Sie fanden hier während der ganzen Kriegsjahre Arbeitsplätze, Einkunftsquellen und antifaschistische Wirkungsmöglichkeiten. Während anderswo viele Exil-Künstler hungerten, isoliert waren und ohne jede Chance auf künstlerische Wirkung leben mußten unter fremden Himmeln, so daß manche wie Kurt Tucholsky und Walter Benjamin den Tod vorzogen, hatten die beim Londoner Rundfunk Engagierten ein lebendiges Zentrum für Selbstverständigung und Austausch über politische und kulturelle Fragen.

Einer von ihnen war von Beginn an Robert Lucas; er war schon zur Übersetzung jener Chamberlain-Rede vom September 1938 ins Studio gerufen worden. Lucas, dessen Name eigentlich Ehrenzweig lautete, war gebürtiger Wiener und hatte neben seinem Beruf als Chemiker bis zum Machtantritt der Nazis in Berlin und Wien für Zeitungen und Kabaretts geschrieben. Im April 1934 war er, Sozialist und Jude, aus Protest gegen den Dollfuß-Putsch von Österreich nach Großbritannien emigriert, wo er als Journalist zu arbeiten begann. Blättert man heute in einschlägigen Untersuchungen zur antifaschistischen Exilliteratur, findet man den Namen Robert Lucas selten – dabei waren seine literarischen Figuren am Ende des Zweiten Weltkrieges fast legendäre Gestalten geworden, die im Deutschen Reich Millionen heimliche regelmäßige Zuhörer hatten!

Lucas' persönliche Erfahrung mit politischem Kabarett mag dazu beigetragen haben, daß sich beim Deutschen Dienst der BBC schon früh die Auffassung durchsetzte, der Nazi-Propaganda müsse man mehr entgegensetzen als bloße Nachrichten-Sendungen und ernste politische Kommentare. Es wurde eine besondere Waffe im Ätherkrieg entdeckt: die Satire. In mehreren Serien traten feste, den Stammhörern vertraute Figuren auf, die sich über die aktuelle Lage in Deutschland und in der Welt ausließen. Die einzelnen Sendungen dauerten jeweils nur wenige Minuten.

Drei solcher Sendefolgen waren so gut und so erfolgreich, daß sie während fast der gesamten Kriegszeit bei der BBC produziert und gesendet wurden.

Bruno Adler erfand *Frau Wernicke*, eine monologisierende Berliner »Volksjenossin«. Frau Wernicke, gesprochen von der Berliner Schauspielerin Annemarie Hase, verkörperte die Kleinbürgersfrau, die mit gesundem Menschenverstand und flottem Mundwerk die Fassade des Nazi-Reiches als Pappmaché entlarvte. Sie sprach Stimmungen aus, griff Gerüchte aus der deutschen Bevölkerung auf, nannte Versorgungsengpässe beim Namen, plauderte die aktuelle Kriegslage aus und machte die Nazi-Führer lächerlich.

Von Bruno Adler und Norman Cameron stammte die Serie *Kurt und Willi*, die durch die Dialogform besondere Möglichkeiten der Dramaturgie bot. Willi Schimanski, Ministerialdirigent im NS-Propagandaministerium, wirkte mit seinen Sprüchen und Parolen oft wie ein Klischeebild seiner Führer. Zugleich konnte Adler ihm manche Informationen in den Mund legen, die im Deutschen Reich der Öffentlichkeit verschwiegen wurden, aber im Ausland bekannt waren – ein Propagandamann aus Berlin wußte eben mehr. Willis Freund, der Oberlehrer Kurt Krüger, konfrontierte den Faschisten mit der Stimmung und den Gefühlen der normalen Bevölkerung im Reich und den besetzten Gebieten. Wenn Willi Sprüche klopfte und vom Durchhalten sprach, setzte Kurt gesunden Menschenverstand und Überlebenswillen eines Normalbürgers dagegen. Kurt war kein aktiver Gegner der Nazis, aber er hielt Augen und Ohren offen, das genügte, um den Verdrehungen und Halbwahrheiten Willis zu widersprechen.

Beide Serien Adlers erzählten vorwiegend von der Situation und den Meinungen der deutschen Zivilbevölkerung. Den militärischen Part übernahm *Adolf Hirnschal*, Robert Lucas' Erfindung. Hirnschal war ein strikt führergläubiger Landser, der alle Windungen und Wendungen von faschistischer Kriegführung und Propaganda buchstabengetreu nachzuvollziehen trachtete – und gerade durch dieses Beim-Wort-Nehmen hob er immer wieder die Verlogenheit und den Aberwitz von Nazi-Politik ins Bewußtsein der Hörer.

Adolf Hirnschal ist unverkennbar ein jüngerer Verwandter des braven Soldaten Schwejk. Wie sein Vorläufer hat Hirnschal keine eigene Identität – er ist das fortwährende Echo seiner Vorgesetzten und der offiziellen Parolen und Verlautbarungen. Sein Einverständnis mit der braunen Barbarei ist umwerfend. Die blöd-fröhliche Treue dieses Gefreiten zum Nationalsozialismus spiegelt das unmenschliche Herrschaftssystem. Hirnschal ist wie Schwejk einer, der Geschichte erleidet und von den Ereignissen scheinbar hilf- und widerstandslos getrieben wird. Die große Linie der politischen Entwicklung nehmen beide hin, beide richten sich ein in den vorgegebenen Verhältnissen. Indem sie aber diese Verhältnisse wortwörtlich verdoppeln in Handlung und Rede, sind sie letzlich nicht Rädchen im großen Getriebe, sie werden zu Sandkörnern.

Der entscheidende Kunstgriff war, den sympathischen Tolpatsch Hirnschal zusammenzubringen mit Vorgesetzten und Führern: Der kleine Soldat als der Verführte und am Ende Gelackmeierte unterscheidet sich deutlich von den politisch und militärisch Verantwortlichen der Diktatur. Mit dieser Differenzierung waren die vielen Hörer in Deutschland ansprechbar, die zwar zu aktivem Widerstand nicht bereit waren, deren Glaube an das angeblich Tausendjährige Reich aber doch schon erschüttert war. Genau diese politisch Verunsicherten und Unentschiedenen wollten die Hitler-Gegner von London aus erreichen.

Den vorhandenen Unmut des »Mannes auf der Straße« in Nazi-Deutschland aufzugreifen und zu stabilisieren, war also die Aufgabe der fiktiven Briefe nach Zwieselsdorf. Dies entsprach dem Ziel des BBC German Service: subversive Einstellungen bei den deutschen Hörern zu fördern. Drückebergerei, langsame oder fehlerhafte Arbeit, Bummelantentum, Vortäuschen von Krankheiten oder Gebrechen – solche Haltungen sollten bestärkt werden. Die Briefe ermunterten nicht zu offenem politischen Widerstand – das hätte viele Hörer des deutschsprachigen Programms eher abgeschreckt. Die BBC richtete ihre Sendungen an ein möglichst breites Publikum.

Entsprechend ausgewählt ist das Figurenarsenal der Hirnschal-Serie: Neben dem Zimmermaler und Anstreicher Hirnschal begegnet man zum Beispiel dem kleinen Ziegenbart, früher Hilfspostmann in Kottbus, und dem dicken Emil Jaschke, der in zivilen Zeiten ein Papiergeschäft in Hudemühlen führte; ihre Kameraden sind etwa der ehemalige Gendarm Willibald Preisigke aus Kamming und der Sohn vom Schornsteinfeger Petersil in Zwieselsdorf; besonders herzlich läßt Adolf stets den Krummen Gustav grüßen, mit dem er im Ersten Weltkrieg war und der daheim in Zwieselsdorf Brauselimonade erzeugt und Limburger verkauft. Was diese Menschen prägt – sofern sie nicht treue Anhänger des NS-Regimes sind –, sind Varianten von Resistenz und Verweigerung. Eine mehr oder weniger heimliche Ablehnung der Nazi-Herrschaft wird in den Hirnschal-Briefen als massenhaft verbreitet vorgeführt, um dem Hörer die Angst zu nehmen, er stehe in seiner Haltung allein.

Robert Lucas ständiges Thema waren die Mühseligkeiten und Katastrophen des Nazi-Alltags – die kleinen und die großen, die witzigen und die lebensbedrohenden, die an der fernen Front und die in der deutschen Heimat. Das Leben unter der NS-Herrschaft wird gezeigt als durch und durch desolat – und ebendies kontrastiert der Satiriker Lucas mit der permanent großsprecherischen Propaganda.

Die Hirnschal-Briefe bringen auch die brutale, mörderische Qualität der Herrschaft unterm Hakenkreuz ins Bewußtsein – gesehen mit den Augen der einfachen Landser, gespiegelt im persönlichen Ausschnitt. Der erfaßt zwar nicht die wahren Dimensionen faschistischer Massenvernichtung, aber Lucas läßt an Deutlichkeit nichts offen: Da werden Kameraden zu Krüppeln geschossen und andere Menschen ins KZ gesperrt, aus dem sie psychisch deformiert zurückkehren; da schwimmen Tote massenhaft in der Strömung eines Flusses. Gerade solchen Szenen stellt Lucas die Geschwätzigkeit der NS-Propaganda gegenüber. Das grenzt gelegentlich an Zynismus. Wenn Hirnschal etwa und sein Vorgesetzter Mücke beim Rußland-Feldzug verschüttet werden und – eingeklemmt unter Trümmern – über einen unversehrten Lautsprecher die Phrasen des Deutschlandsenders anhören müssen, mag das im ersten Augenblick geschmacklos wirken, weil die Komik der Situation nicht angemessen ist. Doch fügt Lucas hier nur dichter und unmißverständlicher zusammen, was faschistische Realität war: Zynisch war die Nazi-Herrschaft, die sich trotz ungezählter Menschenopfer und hohler Propagandasprüche zwölf Jahre lang an der Macht halten konnte – nicht der Autor, der diese beiden Seiten literarisch konfrontierte.

Für die an der Produktion der Hirnschal-Serie beteiligten BBC-Mitarbeiter gehörte diese satirische Sendung zur journalistischen Tagesarbeit. Was Robert Lucas an der Schreibmaschine herstellte, wurde im Studio unter der Leitung von Julius Gellner produziert – einem Mann, der vor 1933 Oberspielleiter der Münchener »Kammerspiele« gewesen war, einem führenden Theater der Weimarer Republik. Als Sprecher wirkte Fritz Schrecker mit, Schauspieler und Komiker aus Wien. Er sprach Hirnschals Stimme in einem künstlichen Dialekt – der Gefreite aus Zwieselsdorf sollte als Sohn des Volkes erscheinen, mit umständlichen, ungeübten Wendungen, ohne daß er regional festzulegen war. Schrecker las die Briefe ohne Pathos und Aufregung drückte die unverkennbare Ruhe des Einfältigen aus, selbst noch in der Situation größter äußerlicher Aufregung.

Für die heimlichen Hörer im Deutschen Reich war das Abhören des Londoner »Feindsenders« eine lebensgefährliche Angelegenheit. Wer als »Rundfunkverbrecher« erwischt wurde, mußte mit scharfer Bestrafung rechnen – es gab sogar Todesurteile. In großangelegten Kampagnen warnten die Nazis davor, den Radioapparat auf ausländische Sender einzustellen. Es wurden kleine Anhängeschilder für den Sendersuchknopf gedruckt und verteilt, auf denen die Mahnung zu lesen war: »Denke daran. Das Abhören ausländischer Sender ist ein Verbrechen gegen die nationale Sicherheit unseres Volkes. Es wird auf Befehl des Führers mit schweren Zuchthausstrafen geahndet.«

Solche Maßnahmen haben die Wirksamkeit des deutschsprachigen BBC-Programms begrenzt, aber eine ständig wachsende Zahl von »Volksgenossen« vom Hören nicht abgehalten. Nach britischen Erhebungen hatte die Hirnschal-Serie im letzten Kriegsjahr etwa zehn Millionen regelmäßige Hörer. Man hörte die Stimmen aus London heimlich, das Empfangsgerät war leise eingestellt, wurde häufig in eine Decke gehüllt oder ins Bett mitgenommen. In manchen Wohnungen versammelten sich Familien oder kleine Freundeskreise um den Radioapparat.

Einige dieser Schwarzhörer haben in Briefen an Robert Lucas oder die BBC ausgedrückt, was ihnen diese Sendereihe im Weltkrieg bedeutet hat. Hirnschals Briefe waren offenbar in erster Linie eine Trostquelle, ein Anstoß zum Durchhalten in bitteren Zeiten. »Sie ahnen nicht, welches Licht der ernsten, erlösenden Heiterkeit während der ganzen Höllenjahre Ihr Hirnschal Hunderttausenden, ja Millionen gewesen ist. In meinem kleinen Haus war an jedem Hirnschal-Abend eine ganze Riesen-Korona um das Radio versammelt. Und keiner von uns blieb ungetröstet, unerleichtert. Dafür segne Sie Gott!« schrieb zum Beispiel ein Hörer aus der Schweiz. Sogar nationalsozialistische Offiziere ließen sich von dieser Satire beeindrucken: »Ich höre mit einer kleinen Gruppe von Generalstabsoffizieren sooft wie möglich Hirnschal. Der letzte Brief über Stalingrad (8.2.1943) war einfach großartig und völlig zutreffend« – so ein (anonym gebliebenes) Mitglied des Oberkommandos der Deutschen Wehrmacht. Und ein anderer ehemaliger Schwarzhörer schrieb 1952, nachdem Robert Lucas ihm die erste Buchausgabe der Hirnschal-Briefe geschickt hatte: »Die ›Briefe des Gefreiten Hirnschal‹ habe ich erhalten. Ich danke Ihnen sehr für Ihre Freundlichkeit. Die Briefe rufen manche Erinnerung wach. In jenen schweren Tagen waren sie immer eine Freude.« Diese Sätze stammen von Konrad Adenauer.

Fast hundert Briefe schrieb Adolf Hirnschal an seine teure Amalia zwischen 1940 und 1945. Nach Kriegsende wählte Robert Lucas fünfzig davon aus und ließ sie, redaktionell leicht bearbeitet, als Buch im Europa-Verlag erscheinen. Für die jetzt vorliegende Neuausgabe haben wir – mit Hilfe des BBC-Archivs – die Auswahl um fünf weitere Briefe ergänzt. (Neu aufgenommen wurden die Briefe vom: 12 September 1942; 14. Juni 1943; 24. Januar 1944; 31. Januar 1944 und 21. Februar 1944).

Durfte man das überhaupt – über den Zweiten Weltkrieg und die Nazi-Herrschaft Satiren schreiben? Die Frage ist oft gestellt worden: Ob denn überhaupt etwas zum Lachen gewesen sei an diesem Faschismus, der so vieler Millionen Menschen Leben gekostet hat. Mit Ja geantwortet haben viele bedeutende Künstler in ihren Arbeiten, von Heinrich Mann bis Charlie Chaplin.

Das Wesen von Satire ist verfremdende Montage. Der Satiriker vergrößert, verkleinert, wählt aus, vertauscht, fügt neu zusammen, konstruiert Analogien – um das Sujet in neuem Licht zu zeigen, um es anderer Sicht und Einsicht zugänglich zu machen, es dem Lachen preiszugeben. Satire ist eine Kunst der Demontage.

Ein System wie der Faschismus rief, wenn seine Gegner es angreifen wollten, satirische und groteske Formen geradezu herbei. Wenn ein ganzes Regime durch Schein, Demagogie, Großsprecherei und Lüge konstituiert wurde, waren die Satiriker mit ihren Techniken besonders gefordert. Wenn die Gewalttaten einer herrschenden Clique und ihrer Handlanger ins Monströse, Unerhörte, kaum Glaubliche wuchsen, lag die Groteske nahe. Wo das Banale, Verklemmte, ja Pathologische an der Macht war und sich ausleben konnte bis zum Exzeß, bot sich die satirische Konfrontation von Anspruch und Wirklichkeit, von Wort und Tat an.

Deshalb gibt es in der Literatur und Filmkunst der Jahre 1933 bis 1945 eine stattliche Zahl von Satiren gegen die Nazis. Lion Feuchtwangers historischer Roman »Der falsche Nero«, Walter Mehrings »Müller«-Chronik, Brechts »Dreigroschenroman«

und seine Stücke »Der aufhaltsame Aufstieg des Arturo Ui« und »Schweyk im Zweiten Weltkrieg«, Chaplins Film »Der große Diktator«, Ernst Lubitschs Film »Sein oder Nichtsein« – das sind einige der bekannteren Beispiele.

Der ästhetische Angriff antifaschistischer Satiren galt dabei stets den Tätern, nie den Opfern der Nazi-Herrschaft. Das stimmt uneingeschränkt auch für Robert Lucas' Hirnschal-Briefe. Bloßgestellt und herabgesetzt wurden die Protagonisten und Nutznießer der Barbarei, um sie als bekämpfbare Kräfte vorzuführen. Es sei sehr wichtig, die großen politischen Verbrecher der Lächerlichkeit preiszugeben mit Hilfe von Satire, schrieb Bertolt Brecht. Denn diese Leute seien »vor allem keine großen politischen Verbrecher, sondern die Verüber großer politischer Verbrechen, was etwas ganz anderes ist«.

Hamburg, im Sommer 1984 *Uwe Naumann*

Literatur gegen den Krieg
Romane, Erzählungen, Biographien

Egon Erwin Kisch
Geschichten aus sieben Ghettos
Band 5174

Arthur Koestler
Ein Mann spricht in die Tiefe
Roman. Band 5332
Ein spanisches Testament
Band 2252

Primo Levi
Ist das ein Mensch?
Band 2226

Heinz Liepman
Das Vaterland
Band 5170

Erich Loest
Pistole mit sechzehn
Erzählungen. Band 5061

Selma Meerbaum-Eisinger
Ich bin in Sehnsucht eingehüllt
Gedichte eines jüdischen Mädchens
Band 5394

Konrad Merz
Ein Mensch fällt aus Deutschland
Band 5172

Arthur Miller
Spiel um Zeit
(Playing for time)
Ein Fernsehfilm. Band 7061

Rudolf Olden
Hitler
Band 5185

Kurt Otten
Torquemadas Schatten
Band 5137

Theodor Plievier
Der Kaiser ging, die Generäle blieben
Band 5171

Gustav Regler
Im Kreuzfeuer
Band 5181

Luise Rinser
Gefängnistagebuch
Band 1327
Jan Lobel aus Warschau
Band 5134

Fischer Taschenbuch Verlag

fi 312/1b